Semiótica & Literatura

Semiótica & Literatura

Décio Pignatari

Ateliê Editorial

Copyright © 2010 by Décio Pignatari

Direitos reservados e protegidos pela Lei 9.610 de 19.02.98.
É proibida a reprodução total ou parcial sem autorização,
por escrito, da editora.

1ª edição a 3ª edição: Cortez de Moraes
4ª edição a 5ª edição: Cultrix
6ª edição: Ateliê Editorial – 2004
7ª edição: Ateliê Editorial – 2011
8ª edição: Ateliê Editorial – 2017

Dados Internacionais de Catalogação na Publicação (CIP)
(Câmara Brasileira do Livro, SP, Brasil)

Pignatari, Décio, 1927 – 2012
Semiótica & Literatura / Décio Pignatari. –
6. ed. – Cotia, SP: Ateliê Editorial, 2004.

"Ed. reorganizada e acrescida de novos textos".
Bibliografia.
ISBN 978-85-7480-778-2

1. Semiótica e literatura 2. Signos e símbolos
I. Título.

04-4896 CDD-401.41

Índices para catálogo sistemático:

1. Semiótica e literatura: Linguagem e
comunicação   401.41

Direitos reservados à
Ateliê Editorial
Estrada da Aldeia de Carapicuíba, 897
06709-300 – Granja Viana – Cotia – SP
Telefax (11) 4612-9666 / 4702-5915
www.atelie.com.br / contato@atelie.com.br
blog.atelie.com.br / facebook.com/atelieeditorial

Impresso no Brasil 2017
Foi feito o depósito legal

O significado é um signo aberto quandonde a vida vive.

Sumário

Prefácio a Esta Edição.................... 13
Introdução à Semiótica: Uma Ciência que
   Ajuda a "Ler" o Mundo................ 15
1. Semiótica e Literatura 21
   *Retomada e Batismo de um Método:
   O Heurístico-Semiótico*.................. 27
   Quase-Método, Metamétodo 29
2. A Semiótica de Peirce e sua Protoestética .. 39
   A Ideoscopia........................... 40
      Primeiro, segundo, terceiro 43
   Significado: A Relação Triádica............. 47
      Signos: as tricotomias................. 50
         A questão do ícone................... 56
   *As Inferências Associativas: Contiguidade
   e Semelhança*......................... 61
      Um modelo exemplar: chá com *madeleines* ... 65

A Protoestética de Charles Sanders Peirce:
Uma "Racionabilidade Concreta" 67
    Breve aceno a uma teoria do quase-signo.... 74
    Peirce, artista quirográfico 78
3. Revolução Industrial: A Multiplicação
    dos Códigos 85
    Quantidade e Qualidade................... 85
    A Laranja Mecânica 87
        O choque: romantismo e metalinguagem.... 91
    O Retrato Oval......................... 97
        A "morte ao vivo" 102
4. Semiótica e Crítica Literária............ 111
5. As Decifrações Semióticas 117
    Interregno da Descoberta 120
    O "Mal de Usher" 128
    "Rabisco sem Intenção Alfabética".......... 133
    Ultimatum 151
    O Poema Envenenado 153
6. A Ilusão da Contiguidade 165
7. O Ícone e o Ocidente 187

Bibliografia............................ 193

Índice das Figuras

Figura 1 48
Figura 2 55
Figura 3 ....68/69
Figura 4 ....104/105
Figura 5 136-137
Figura 6 ....144/145
Figura 7 ....146/147
Figura 8 149
Figura 9 150
Figura 10 152
Figura 11 154
Figura 12-A 160-161
Figura 12-B........................162-163

Prefácio a Esta Edição

Alternam-se, neste livro, coisas fáceis e difíceis.
Está remodelado, nesta edição. Quase re-escrito.
O signo literário é o signo verbal sensível.
Para defender a sua sensibilidade, opera na interface.
Afivela, na cara, uma dupla *persona* (= máscara).
Em relação ao discurso lógico normal, entenda-se.
O signo literário é uma escritura suspeita, pois paralógica, uma afasia deliberada que puxa pela fala caudalógica e quebra as pontas dos vetores teleológicos.

Duplo disfarce: voltando um vulto para os sons e/ou outro mesmo vulto para os vazios, vazados e desenhos da própria escritura.

São modos pelos quais ilude e elude o eixo da contiguidade.

Para poder transar com os ícones do outro eixo, o da similaridade.

Neste eixo, o eixo das coisas parecidas, estão suas afinidades eletivas.

Um outro nome para este livro: o próximo e o parecido.

Há uma subversão onírica latente nas sinapses da linguagem, princípio e fim do prazer.

Mais esperto ainda, esse signo, quando se finge de prosaico e conta histórias. Inútil dizer *short story*, pois que essa *story* já é abreviatura de *history* – uma economia caipira da fala em relação à escrita. Escristory. Uma síntese fônica. Poética. E uma crítica ideo-lógica, melhor, ideo-analógica, da história.

À ideo-logia do diz-curso verbal o signo literário opõe uma ideanalogia do recurso icônico.

Quando prosa, monta histórias por parataxe. Monta estórias por ideogramas pseudoconceituais.

O discurso pode parecer límpido, sem paronomásias, como em Stendhal ou Borges. Quando se vai ver, ele monta configurações paramórficas, biogramas, biografemas, interbiogramas, diagramas.

Quando esses biogramas se paramorfizam, temos Sterne e Joyce.

Temos o Machado mallarmaico do *Brás Cubas*, cultura brasileira pós-nacionalista.

Em relação à prosa corrente, que se pretende, ela sim, prosa pura, possibilidade de explicação de tudo, desvinculada dos demais signos, pretenso fundo abstrato de significado de todos eles, o signo literário é o signo verbal que gosta de encostar-se nos demais signos, para perguntar: "O que vocês acham que eu significo?"

Há um pensamento literário.

Introdução à Semiótica: Uma Ciência que Ajuda a "Ler" o Mundo

Para o leigo, pelo menos, já o nome dessa nova ciência pode induzir a interpretações dúbias. Semiótica? Uma meia-ótica, uma ótica de zarolhos e caolhos? E o fato de ela possuir outro nome, Semiologia, não facilita muito as coisas. Esses nomes, no entanto, vêm de uma raiz comum: *semeion* (do grego = signo), a mesma que vemos, por exemplo, na palavra *sem*áforo. A Semiótica ou Semiologia, pois, é a ciência ou Teoria Geral dos Signos, entendendo-se por signo, para evitar outros equívocos – estes de natureza astrológica – toda e qualquer coisa que substitua ou represente outra, em certa medida e para certos efeitos. Ou, melhor: toda e qualquer coisa que se organize ou tenda a organizar-se sob a forma de linguagem, verbal ou não, é objeto de estudo da Semiótica.

Mas como é possível que uma ciência possa ser batizada com dois nomes diferentes? É que, a rigor, ela teve dois pais, que foram contemporâneos, mas não se conheceram: Ferdinand de Saussure, linguista suíço, que morreu em 1913, e Charles Sanders Peirce, filósofo e matemático norte-americano, que morreu em 1914. Para aumentar um pouco mais a confusão, sabe-se que Saussure não fundou uma semiótica; ele é considerado o pai da Linguística moderna e, no seu *Curso de Linguística Geral* (publicado em 1916, com base nas anotações de alguns de seus alunos, pois jamais chegou a redigi-lo), apontou para a necessidade de uma ciência dos signos que abarcasse a própria Linguística, isto porque, de modo genérico, o signo linguístico sempre acaba por referir-se a signos de outra natureza, num processo a que damos o nome de *significação*. Para ficarmos num exemplo bem terra a terra: a palavra, que é o signo linguístico por natureza, possui dois códigos distintos, com peculiaridades diversas – um falado e outro escrito. Ora, a Linguística estuda a palavra falada e não a palavra escrita, mas não pode deixar de sofrer a influência desta (na verdade, não poderia sequer existir sem a palavra escrita). Talvez seja por isso que um amigo, durante um debate, tenha sugerido a interessante hipótese de que toda pessoa que saiba ler e escrever é uma pessoa bilíngue...

Bem, Saussure não fundou uma semiótica, mas batizou-a com o nome de Semiologia. Nos anos 1950, quando teve início a grande onda estruturalista, franceses, búlgaros e italianos iniciaram uma verdadeira corrida no sentido de criar a Semiologia que Saussure não havia criado. Alguns são nomes bem conhecidos: Barthes, Eco, Kristeva, Todorov, Greimas. E todos eles, ignorando Peirce, outra coisa não fizeram senão tentar transpor todos os esquemas e conceitos da Linguística para os demais sistemas de signos, daí resultando um irremediável logocentrismo, para não dizer um intragável verbalismo; dessa forma, conceitos dualísticos ou dicotomizados (Saussure, que os criou, baseava-se numa lógica tradicional), tais como *significante/significado, denotação/conotação, língua/palavra* (fala), *paradigma/sintagma*, foram aplicados à análise de obras visuais, musicais, cinematográficas, arquitetônicas etc. Isso depois de exaustivamente aplicados à narrativa literária e à linguagem poética (o que passou à vida acadêmica como sendo "análise estruturalista"), através de uma fúria classificatória bem francesa. Cada qual criava sua semiologia ou seu modelo semiológico de análise, sempre dando primazia à palavra, ao verbal, a ponto de Roland Barthes (talvez o menos confuso, ou o mais vivo dentre eles) afirmar, já em seus *Elementos de Semiologia*, que a Semiologia é que faz parte da Linguística e não o contrário; com isso, levou uns vinte anos para começar a perceber que existe um pensamento não-verbal, coisa que o seu compatriota Paul Valéry (para não falar em Peirce) já sabia há pelo menos meio século. O mesmo Roland Barthes obteve um pequeno sucesso de escândalo, no Collège de France, ao afirmar que "todo discurso é fascista", não percebendo que o que está em causa é a lógica ocidental, que se apoia no discurso verbal, este, por sua vez, montado em cima da predicação (sujeito, predicado, atributos) e da organização hipotática (por subordinação), criando aquela hierarquia lógica, que é contraditada pela poesia e por todos os sistemas não-verbais, que se organizam analogicamente, por parataxe (por coordenação); ou seja, não se pode fazer um discurso do poder empregando tão somente orações coordenativas, que são orações justapostas de mesmo nível hierárquico, pois fica faltando aquilo que se denomina *oração principal*, a responsável-mor pela lógica hierarquizante.

Por mais estranho que pareça, somente nos inícios da década de 1970 é que alguns semiólogos europeus começaram a dar-se conta de que não era mais possível ignorar o fundador da Semiótica, Charles Sanders Peirce, como ficou patente no I Congresso Internacional de Semiótica (Milão, 1974), bastando dizer que, por esse tempo, havia mais textos de Peirce traduzidos para o português do que para o francês ou para o italiano!

Como explicar esse fato no mundo moderno da divulgação científica? Explicações maldosas não faltam. Os semiólogos franceses, embora se abeberem na Linguística, são monolíngues, ao mesmo tempo que chauvinistas culturais; além disso, são professores universitários que sentem a necessidade de criar e desenvolver *ad infinitum* métodos e sistemas semiológicos que facilitem a tarefa diuturna de professores menos dotados ou menos desenvolvidos etc. etc. A verdade é que Charles Sanders Peirce foi menosprezado em sua própria terra, não tendo podido publicar sequer um livro, em toda a sua existência mais ou menos longa; toda a sua obra é fragmentada e se encontra espalhada por jornais e revistas – uma vasta obra, diga-se de passagem – e somente depois começa a ser sistematicamente coligida e publicada nos Estados Unidos (seus *Papéis Coligidos*, publicados pela Universidade de Harvard, entre 1938 e 1951, abrigam apenas metade de seus escritos), tarefa que pode estender-se até o fim do milênio...

Peirce elaborou a sua Semiótica ao longo de quarenta anos de trabalho, pensando e repensando suas ideias e conceitos; ele era um lógico-matemático e um filósofo (aos 14 anos, lia Kant no original) e não um linguista, que concebeu a Semiótica como um estudo da linguagem enquanto lógica, e a sua lógica, tal como a de Marx, vinha de Hegel – era uma lógica dialética e não aristotélica (como a de Saussure), o que não significa que desprezasse Aristóteles (ao contrário). Para entender a sua Semiótica, é preciso entender a sua visão pragmática do mundo (foi ele quem cunhou a palavra *pragmatismo*), ou aquilo que ele chamava de *faneroscopia* (fenomenologia). Toda e qualquer coisa enquadra-se em três categorias: *Primeiro*, *Segundo*, *Terceiro*. A *primeiridade* implica as noções de possibilidade e de qualidade; a *secundidade*, as noções de choque e reação, de aqui-e-agora, de incompletude; a *terceiridade*, as noções de generalização, norma e lei. Podemos ilustrar essa sua visão com a estorinha de Newton e a maçã: *a*) Newton repousando e/ou pensando sob a macieira, aberto a todas as possibilidades (primeiridade); *b*) a maçã cai, tirando-o subitamente da primeira situação (secundidade); *c*) Newton põe-se a pensar sobre a queda da maçã e generaliza suas ideias, criando a lei da gravitação (terceiridade).

Da mesma forma, os signos são assim classificados, sendo a classificação mais conhecida aquela relativa à ligação signo/objeto, a saber: a) *ícone* (primeiridade): mantém uma relação de analogia com seu objeto (um objeto, um desenho, um som); b) *índice* (secundidade): mantém uma relação direta com seu objeto (pegadas na areia, perfuração de bala); c) *símbolo* (terceiridade): relação convencional com o objeto ou referente (as palavras em geral). Em princípio, os ícones se organizam por similaridade e por coordenação, enquanto os símbolos se organizam por contiguidade (proximidade) e por subordinação, funcionando os índices como pontes. O ícone é o signo da arte; o símbolo, o signo da ciência e da lógica – nada impedindo que ambos se confundam nos mais altos níveis de criação. Como dizia Gauss, "a álgebra é uma ciência do olho"; como rematava Peirce, artistas e cientistas são criadores de ícones. A arte é um primeiro que aspira a ser um terceiro, sem jamais consegui-lo. Para a questão do significado, Peirce rompe com a divisão significante/significado, criando um terceiro polo dialético, a que deu o nome de *interpretante*, um super-signo que está sempre se refazendo ao refazer a relação entre o signo e o objeto; neste sentido, o interpretante é um *terceiro*. É claro que as categorias peircianas transam entre si, mas é bom não confundir suas noções de ícone e símbolo com as acepções correntes dessas expressões.

Mas, afinal, para que serve a Semiótica? Serve para estabelecer as ligações entre um código e outro código, entre uma linguagem e outra linguagem. Serve para ler o mundo não-verbal: "ler" um quadro, "ler" uma dança, "ler" um filme – e para ensinar a ler o mundo verbal em ligação com o mundo icônico ou não-verbal. A arte é o Oriente dos signos; quem não compreende o mundo icônico e indicial não compreende corretamente o mundo verbal, não compreende o Oriente, não compreende poesia e arte. A análise semiótica ajuda a compreender mais claramente por que a arte pode, eventualmente, ser um discurso *do* poder, mas nunca um discurso *para* o poder. O ícone é um signo *de* alguma coisa; o símbolo é um signo *para* alguma coisa. Mas o ícone, como diz Peirce, é um *signo aberto*: é o signo da criação, da espontaneidade, da liberdade. A Semiótica acaba de uma vez por todas com a ideia de que as coisas só adquirem significado quando traduzidas sob a forma de palavras.

1. Semiótica e Literatura

Todo conhecimento é, hoje, necessariamente, um conhecimento comparado.

Paul Valéry

Ter-se-ia dito, então, que os signos que, naquele dia, deveriam tirar-me do desalento, devolvendo-me a fé nas letras, porfiavam por multiplicar-se.

Marcel Proust

A *Semiótica*, ou Teoria Geral dos Signos, é uma indagação sobre a natureza dos signos e suas relações, entendendo-se por *signo* tudo aquilo que represente ou substitua alguma coisa, em certa medida e para certos efeitos. A Semiologia, que podemos considerar de origem francesa, aparentemente persegue os mesmos objetivos, mas em sentido inverso. Enquanto a Semiótica, fundada pelo filósofo e lógico-matemático norte-americano Charles Sanders Peirce (m. 1914), arma um sistema de classificação dos signos onde se encaixa o signo verbal, a Semiologia estende os conceitos da Linguística, de Ferdinand de Saussure (m. 1913), aos demais signos. Esta opera por dicotomias ou relações diádicas (significante/significado, denotação/conotação, paradigma/sintagma); aquela, por tricotomias ou relações triádicas (signo/referente/interpretante; ícone/índice/símbolo, sintaxe/semântica/pragmática).

Embora não rejeitando totalmente as contribuições da Semiologia, consideramos a Semiótica cientificamente melhor fundamentada e estruturada para apreender o vário e complexo universo sígnico. De saída, ela nos evita o grave risco de "verbalizar" os demais sistemas de signos, convidando e instigando-nos a compreender melhor não apenas os signos não-verbais em suas naturezas específicas, como também a própria natureza do signo verbal em relação aos demais. Por aí, pode perceber-se a importância da Semiótica para o estudo da Literatura, uma vez que situar mais claramente o signo verbal em relação aos demais signos é uma tarefa de primeira ordem, uma verdadeira "prova vestibular" para a compreensão do fenômeno literário. Partindo das duas formas fundamentais e fundantes de associação (segundo o filósofo inglês David Hume, do século XVIII), a *similaridade* e a *contiguidade*, temos que as associações por similaridade constituem os paradigmas, eixos paradigmáticos ou de seleção de qualquer sistema de signos; já as associações por contiguidade formam os sintagmas, eixos sintagmáticos ou combinatórios. Por exemplo: como se articula o que chamamos de "vestuário", considerado como sistema de signos? Num guarda-roupa, a coleção de saias forma um paradigma e a coleção de blusas, outro (similaridade). Quando uma mulher escolhe uma determinada blusa e a combina com uma determinada saia, monta um sintagma do "vestuário" (associação por contiguidade ou proximidade). Assim, com o signo verbal. Os fonemas semelhantes organizam-se em coleções. Ao articularmos uma palavra, estamos escolhendo, de forma quase que automatizada, uma série de fonemas que, encadeados, se reúnem para formar o sintagma de determinada expressão (sintagma = reunião). Mas esses dois eixos, que constituem algo assim como os eixos cartesianos de articulação dos signos, não se apresentam sempre equilibrados num signo ou num sistema de signos. O que se observa é ora a predominância de um, ora a predominância de outro – com gradações inumeráveis. Assim, na expressão "bobo", temos o predomínio de sons semelhantes – do paradigma, portanto. Já não assim na palavra "cabo", onde predomina o sintagma. O mesmo ocorre em relação às expressões: "chove chuva choverando"/"a chuva está caindo". Ou ainda: "Aguilar é águia"/"José é águia". Nos primeiros casos, o fenômeno que ocorre pode ser posto sob a etiqueta da figura de retórica chamada *paronomásia* (semelhança de sons); nos segundos, da figura chamada *metonímia* (tomar a parte pelo todo, tomar pedaços do sistema paradigmático para montar sintagmas). A poesia está do lado dos primeiros; a prosa, do lado dos segundos. A lógica, do lado da prosa; a analogia, do lado da poesia. Além disso, na poesia, pode-se dizer que a semelhança de sons atrai, por analogia, semelhanças de *cadências*, *batidas* ou *ictus*, constituindo o que chamamos de *ritmo*. Essa atração não se observa na prosa, onde o ritmo está antes submetido à lógica das frases, sentenças e enunciados do que à analogia musical. Em termos da Semiótica, de Peirce, os signos que se organizam por similaridade, por analogia, são *ícones*, são "figuras" (uma foto, um desenho, uma melodia, um quadro, uma casa – não sendo necessário que o ícone seja "figurativo" ou representação de algo existente: o desenho de um rosto é um ícone, mas o de um círculo também o é). Já os signos que se organizam por contiguidade são *símbolos* (as palavras, faladas e escritas, são os símbolos por excelência). Logo, o que, basicamente, caracteriza o fenômeno poético é a transformação de símbolos em ícones. Na poesia, predominam as relações de formas; na prosa, os conceitos. A poesia tenta ser ou imitar o objeto ao qual se refere, por meio de formas analógicas ("chove chuva choverando"), enquanto, na prosa, tentamos "contar" o que está acontecendo ("a chuva está caindo"). É por essa razão que posso "resumir" um romance ou uma tese, mas não posso resumir um poema, um quadro ou uma sinfonia. Posso resumir a vida de uma pessoa ou suas ideias, mas não posso resumir essa mesma pessoa concreta vivendo. Posso resumir um conceito, não posso resumir uma forma. Claro é que falo em termos amplos e gerais, pois muitas são as questões que se levantam pelo caminho. Por exemplo: resumir um grande romance ou um grande filme não é perder quase todo o encanto que possam ter – não é perder a informação essencial que possam ter e transmitir? Nesses casos, questões de forma tornam a prevalecer – formas que são "irresumíveis" e inconceituáveis. Para analisá-las, no entanto, precisamos de conceitos aplicáveis em operações lógicas do pensamento, que são operações *metalinguísticas*, sem as quais não há possibilidade de abordagem científica e de comunicação racional. Sempre tendo em vista, porém, que um conceito jamais poderá substituir uma forma, um símbolo jamais poderá substituir um ícone – e este é o drama e a fascinação da análise literária.

É curioso observar que resumir uma narrativa já pressupõe, ainda que intuitivamente, levar a efeito um levantamento de paradigmas (os personagens e suas ações) e de sintagmas (as tramas e subtramas entre personagens e ações) – levantamento esse que acaba resultando numa espécie de figura ou modelo mental, num quadro visual, num diagrama – que é o resumo da narrativa e que é também um *ícone*. Mas um ícone de natureza especial, que fica a meio caminho entre a palavra e a figura. Na classificação de Peirce, esse tipo de signo vem chamado de *índice*, considerado em si mesmo; ao nível do raciocínio, do pensamento, do significado – ou seja, do *interpretante* – recebe o nome de *dicente*.

O índice é um signo que mantém uma relação direta – física, digamos – com a coisa à qual se refere: pegadas de pés na areia, por exemplo. Quando analisamos e resumimos uma narrativa, que outra coisa fazemos senão montar um quadro lógico-analógico de indícios, de pegadas, do objeto em estudo (vale dizer, a narrativa)? Daí que um *quadro indicial* – um quadro sinóptico, um gráfico, um diagrama, um fluxograma – é, ao mesmo tempo, um quase-argumento (ou quase-conceito) e uma quase-figura. É, pois, um *dicente*, que se mostra da maior utilidade tanto na análise de obras em prosa, como na de obras poéticas.

Convém lembrar, no entanto, que a *interpretação* que fazemos desse quadro se manifesta sob a forma de conceitos, constituindo um *argumento* – que é o signo mais lógico e genérico de que é capaz o interpretante (equivale à formulação de uma lei). No caso da poesia, vários quadros indiciais podem ser levantados: o quadro dos sons, o quadro dos ritmos, o quadro das articulações sintático-gramaticais, o quadro dos significados especiais que as palavras (ou parte delas) adquirem no contexto do poema. Ilustrando: no soneto *Manhã*, de Carlos Drummond de Andrade, comparece uma palavra aparentemente inexplicável: "caçadores". Examinando o poema no seu todo, com alguma atenção, vemos que ele se refere a cenas passadas num hospital, ou, melhor, numa maternidade. Podemos descobrir, então, que "caçadores" quer dizer "caça-dores" – ou seja: os médicos, enfermeiras e enfermeiros em sua azáfama peculiar. Refiro-me a *descobrir* deliberadamente, pois a disposição de descobrir nunca pode estar ausente da análise literária; ela comanda mesmo todo o processo (descobrir = desencobrir, revelar).

Isto é o que podemos dizer, em resumo, sobre as relações internas entre a Semiótica, a Literatura e a Análise Literária. Mas há outra categoria de relações, que podemos chamar de externas e que não são menos importantes. Refiro-me às relações históricas entre a Literatura e os demais sistemas de códigos e linguagens, que vemos multiplicarem-se, nos últimos dois séculos, por força da Revolução Industrial. Esse tipo de relações ajuda a explicar uma série de fenômenos – como é o caso, por exemplo, da tendência à rarefação do enredo no romance e no conto modernos. Assim como a invenção da fotografia provocou um grande impacto na pintura clássica, abrindo caminho para a pintura abstrata, assim também a "estória" começou a emigrar da prosa literária para outras linguagens – o cinema, os quadrinhos, a fotonovela, a telenovela, a prosa não-literária (*best-seller*). Isto parece indicar, igualmente, que as "estórias" são produtos para consumo em massa, ficando as não-estórias ou quase-não--estórias – que implicam a capacidade de sentir formas ou "pensar formas" – para as minorias de massa. Por falar em estória, não seria a narrativa, em última análise, algo assim como um fluxograma indicial, modelar e "ideal" – beirando o ícone – da vida de alguém (o leitor) e de suas inúmeras biografias possíveis? Esta hipótese contribuiria para explicar o fascínio que pode exercer sobre nós uma narrativa, mesmo quando não marcada por traços formais de relevo.

Terminemos com um lembrete. A Revolução Industrial chegou ao Brasil praticamente com o século vinte; é óbvio, portanto – embora raramente se faça – que a nossa Literatura moderna não pode ser estudada em maior profundidade sem levar em conta esse poderoso fator. O que ainda não é óbvio, mas, acredito, passará a sê-lo, é que o nosso Romantismo – extensão tardia do Romantismo europeu – também deva ser estudado no quadro da Revolução Industrial. Como diria Castro Alves:

> Agora que o trem de ferro
> Acorda o tigre no cerro
> E espanta os caboclos nus...

RETOMADA E BATISMO DE UM MÉTODO: O HEURÍSTICO-SEMIÓTICO

Em três estudos fundamentais sobre Leonardo Da Vinci – cobrindo um lapso de tempo de 36 anos – Paul

Valéry propõe um método de análise desentranhado do *modus operandi* do múltiplo Da Vinci, sobrepondo-lhe uma conclusão das mais audaciosas e ricas, qual seja, a de que Leonardo era um filósofo não-verbal.

O primeiro dessa série de estudos, *Introduction à la méthode de Léonard Da Vinci*, é de 1894, quando Valéry contava apenas 23 anos e era o mais brilhante entre os jovens frequentadores das famosas terças-feiras promovidas por Mallarmé, à Rue de Rome; em 1929-1930, Valéry acrescentou-lhe comentários marginais com apreciações sobre o seu trabalho "juvenil" e outras reflexões[1].

O segundo é de 1919 e se intitula *Note et digression*[2]; o terceiro – porventura o mais importante, por representar, ao mesmo tempo, suma e acréscimo – é *Léonard et les philosophes* (Lettre à Léo Ferrero), de 1929[3].

Denomino, um tanto rebarbativa e, talvez, provisoriamente, de *heurístico-semiótico* esse método, que Valéry faz questão de não rotular – e mais, declara ser menos que um método, nas *marginalia* de *Note et digression* – o que não impediu que o seu *quase-método* passasse a ser considerado como o método de Leonardo Da Vinci, que seria também a tendência metodológica da ciência atual.

Valéry fala em *indução*, em *lógica imaginativa*, chega a propor uma *Analógica* e descreve, aqui e ali, as principais características desse método.

---

1. Paul Valéry, *Oeuvres*, Paris, Gallimard, 1959, t. I. (Pléiade).
2. *Idem, ibidem*.
3. *Idem, Variété III*, Paris, Gallimard, 1949.

QUASE-MÉTODO, METAMÉTODO

O modesto quase-método de Valéry apresenta, na verdade, características de um metamétodo que, operando por analogias, permite detectar não só semelhanças, mas também as desigualdades e diferenças num contínuo aparente de fenômenos, pois é ali justamente, nos interstícios desse contínuo, que se dá o fenômeno da criação, da invenção, da descoberta; que transpõe para a metalinguagem analítica os processos de síntese que conduzem à criação, ou seja, um "método sob medida", adequado a cada caso e derivado do próprio fenômeno observado – uma metalinguagem derivada da linguagem-objeto.

Trata-se de um método de análise heurístico colinear ao processo de criação, especialmente quando o objeto é de natureza artística – dada a impossibilidade de uma estética: "Se fosse possível a Estética, as artes desapareceriam necessariamente diante dela – ou seja, diante da essência delas próprias"[4].

Pensamento que se aprofunda é pensamento que se aproxima de seu objeto – este é o fundamento do pensamento metodológico de Valéry (e é extraordinário como essa ideia se acopla tão coerentemente à Semiótica, de Charles Sanders Peirce, para quem toda criação, científica ou artística, resulta num *ícone*). (O Cap. 2 deste trabalho aborda esse problema.) O pensamento de

---

4. *Léonard et les philosophes*, em *Variété III*, p. 145. Utilizei esta edição deste texto por ser a anotada por mim. Doravante, para maior facilidade de referência, empregarei as siglas: *LP* – para *Léonard et les philosophes*; *IM* – para *Introduction à la méthode de Léonard Da Vinci*, e *ND* – para *Note et digression*, seguidas da indicação da página referente ao volume a que pertencem.

Valéry persegue insistentemente as relações, correlações e diferenças entre arte e ciência, entre as investigações artística e científica.

O quase-método de Valéry se caracteriza como metamétodo na medida em que se propõe tentar descobrir os sutis dispositivos pelos quais o criador estabelece nexos de continuidade únicos e surpreendentes – fato que põe em questão os métodos preexistentes, instaurando o método que conduziu àquela descoberta particular e para a qual não havia método – o que confere a essa operação metodológica um caráter ao mesmo tempo heurístico e metalinguístico.

Não por acaso, Paul Klee definia o gênio como "um erro do sistema"; Picasso declara "*Je ne cherche, je trouve*"*, e Isaac Newton foi considerado por John Maynard Keynes, não o primeiro dos cientistas modernos, mas o último dos mágicos, pois antes descobria e depois encontrava provas de suporte de suas descobertas[5]. Diz Valéry:

> O segredo está e não pode senão estar nas relações que eles encontraram – que foram forçados a encontrar – *entre coisas cuja lei de continuidade nos escapa*[6].

Meios de investigação e análise mais precisos e adequados aos fenômenos examinados – meios, digamos, por contato direto – vão superando a palavra e restringindo o seu campo de hegemonia: é "o registro dos fenômenos por

---

* "Eu não procuro, eu acho."
5. John Maynard Keynes, *Essays and Sketches in Biography*, New York, Meridian Books, 1956, p. 281.
6. *IM*, p. 1160.

um puro efeito deles próprios"[7], de que a fotografia e os gráficos são exemplos. O erro dos filósofos reside no fato de pretenderem levar a efeito investigações de natureza lógico-científica sem abdicar do automatismo verbal, que gera a repetição – diríamos, a redundância, em termos de Teoria da Informação, de que Valéry, de resto, estava imbuído *avant la lettre*. Só o que ainda não possui signos não é gerador de redundância – e esse é o campo da invenção e da criação. Daí as seguidas asseverações de Valéry, em seus escritos, de que "nada é mais belo do que aquilo que não existe"[8], "o belo é negativo"[9] ou "a imitação despoja uma obra do imitável"[10].

Pensar profundamente é "pensar o mais longe possível do automatismo vebal"[11]; daí que hoje, em muitos casos, os signos discretos sejam substituídos pelos

[...] traços das próprias coisas, ou por transposições e inscrições que delas derivam diretamente. A grande invenção de tornar as leis sensíveis ao olho e como que legíveis à vista incorporou-se ao nosso conhecimento e, de certo modo, duplica o mundo da experiência por meio de um mundo visível de curvas, superfícies, diagramas. [...] O gráfico é capaz do contínuo de que a palavra é incapaz. [...] Vemos constituir-se uma espécie de ideografia das relações figuradas entre qualidades e quantidades

– o que implicaria a necessidade de uma *Analógica*[12]. Por outro lado, "a imitação consciente de meu ato é um

7. *LP*, p. 144.
8. *Oeuvres*, p. 480.
9. *Idem*, p. 374.
10. Paul Valéry, *op. cit.*, t. I, p. 671.
11. *LP*, p. 148.
12. *LP*, pp. 181-182.

novo ato, que envolve todas as adaptações possíveis do primeiro"[13], o que constitui, por ricochete, uma bastante sugestiva definição do complexo e controvertido *interpretante*, de Peirce, cuja obra Valéry seguramente não conheceu.

Uma colagem de fragmentos das obras citadas ajuda a montar a imagem mental que Valéry se fez do método leonardiano:

> No espírito, as imagens visuais predominam. É entre elas que se exerce, o mais das vezes, a faculdade analógica[14].

> Pois a analogia, precisamente, não é senão a faculdade de variar as imagens, de combiná-las, de fazer coexistir a parte de uma com a parte de outra, e de perceber, voluntariamente ou não, a ligação de suas estruturas[15].

> Uma imagem pode ser uma previsão em relação a outra[16].

> Se tudo fosse irregular – ou regular – não haveria pensamento, pois este não é senão a tentativa de passar da desordem à ordem, sendo-lhe necessárias ocasiões daquela – e modelos desta[17].

> O mundo é irregularmente semeado de disposições regulares[18].

> Ele [Leonardo] sabe do que é feito um sorriso: pode colocá-lo na fachada de uma casa ou nos meandros de um jardim[19].

> Passa da concha ao rolo do tumor das ondas, da epiderme dos

---

13. *IM*, p. 1163.
14. *Idem*, p. 1166.
15. *Idem*, p. 1159.
16. *Idem*, p. 1169.
17. *Idem*, p. 1172.
18. *Idem, ibidem*.
19. *Idem*, p. 1175.

delgados alagadiços às artérias que a aqueceriam, aos movimentos elementares dos répteis às cobras fluidas. Ele vivifica[20].

Aí vemos a sua imaginação precisa figurar o que a fotografia tornou sensível em nossos dias[21].

[...] nove vezes em dez, toda grande novidade numa ordem (de coisas) é obtida pela intrusão de meios e noções que ali não estavam previstos; tendo atribuído esse progresso à formação de imagens e, depois, de linguagens, não podemos escapar à consequência de que a quantidade dessas linguagens que um homem possui influi singularmente no número de oportunidades que pode ter no sentido de encontrar novas[22].

Aí vemos situado, com extrema clareza, o fenômeno semiótico da multiplicação e saturação dos códigos – área das grandes criações, invenções e descobertas. *En passant*, podemos observar que as ideias essenciais de Marshall McLuhan estão contidas, melhor, disseminadas, nos escritos de Valéry. Quando os detratores do canadense conseguirem se aperceber disso, naturalmente passarão a detratá-lo... por plágio e diluição.

[...] é por uma espécie de indução, pela produção de imagens mentais, que toda obra de arte é apreciada[23].

Hoje, o que a física descobre na matéria já não são *edifícios*. Ela acaba por encontrar aí o *indescritível por essência* – e o *imprevisto*![24]

[...] hoje, na física, pode-se duvidar da divisibilidade ilimitada do *comprimento*. O que significa que a ideia de divisão e a ideia da coisa a dividir já não são mais independentes[25].

20. *Idem*, p. 1177.
21. *Idem, ibidem.*
22. *IM*, p. 1180.
23. *Idem*, p. 1185.
24. *Idem*, p. 1189.
25. *Idem*, p. 1192.

34 DÉCIO PIGNATARI

Para Valéry, Faraday[26] retomou, nas ciências físicas, o método de Leonardo:

[...] ele contribuiu com concepções de uma audácia admirável – que não eram, literalmente, senão o prolongamento, por sua imaginação, dos fenômenos observados[27].

[...] Edgar Poe [...] cuja análise, às vezes, se conclui, como a de Leonardo, em sorrisos misteriosos [...][28].

Sentia que esse mestre de seus meios, esse possuidor do desenho das imagens, do cálculo, havia encontrado a atitude central a partir da qual os empreendimentos do conhecimento e as operações da arte são igualmente possíveis; os felizes intercâmbios entre a análise e os atos, singularmente prováveis: pensamento maravilhosamente excitante[29].

A palavra (*parole*) não escrita, *acha* antes de procurar[30].

Instituído o rigor[31], torna-se possível uma liberdade positiva, enquanto que a liberdade aparente, não sendo mais do que poder obedecer a cada impulso do acaso, quanto mais dela desfrutamos, mais ficamos agrilhoados em torno do mesmo ponto, como a rolha no mar, que nada prende, que tudo solicita e na qual se contestam e se anulam todas as potências do universo[32].

[...] essas eternas pesquisas que têm por objeto tornar o Belo quase inteligível[33].

26. Michael Faraday, físico inglês (1797–1867), a quem se deve a teoria da influência eletrostática, o enunciado das leis da eletrólise, a descoberta da indução eletromagnética e os processos de liquefação de quase todos os gases. Cf. *Nouveau Petit Larousse*, 1968.
27. *IM*, p. 1194.
28. *Idem*, p. 1197.
29. *ND*, p. 1201.
30. *Idem, ibidem*.
31. *Hostinato* [*sic*] *rigore* era o lema de Leonardo Da Vinci. Cf. *IM*, p. 1155, nota de pé de página.
32. *ND*, p. 1209.
33. *LP*, p. 137. (V. o Cap. 2, "A Semiótica de Peirce e sua Protoestética".)

[...] a existência no artista de uma espécie de medida comum oculta entre elementos de natureza extremamente diversa – é a colaboração inevitável e indivisível, a coordenação *a cada instante* e em cada um de seus atos, do arbitrário e do necessário, do esperado e do inesperado [...]. *Não se pode resumir um poema como se resume um... universo.* Resumir uma tese é reter-lhe o essencial. Resumir (ou substituir por um *esquema*) uma obra de arte é perder-lhe o essencial[34].

A formulação de Valéry: *o arbitrário cria o necessário*, se já não é uma solução, parece-me indicar o caminho para uma, no debate sobre a arbitrariedade do signo linguístico (Saussure *vs.* Jakobson, por exemplo). O signo pode ser arbitrário, mas, uma vez instituído, torna-se necessário e cria novas necessidades sígnicas.

É possível que só se possa conceber bem aquilo que se inventa[35].

Era também a ideia de Giambattista Vico: só se aprende e apreende aquilo que se cria e descobre.

[...] nem tudo na arquitetura é concreto, nem tudo na música é sonoro[36].

Eles [as inteligências superiores, como Leonardo Da Vinci] pareciam ter possuído não sei que ciência íntima dos intercâmbios contínuos entre o *arbitrário* e o *necessário*. [...] (Que pode haver de mais notável do que a ausência de seu nome no elenco dos filósofos reconhecidos e agrupados como tais pela tradição?)[37]

O filósofo tem por fim "a expressão pelo discurso dos resultados de sua meditação". Busca constituir um *"saber* inteiramente exprimível e transmissível *pela linguagem"*

---

34. *Idem*, pp. 150-151.
35. *LP*, pp. 152-153.
36. *Idem*, p. 158.
37. *Idem*, p. 160.

(escrita)[38]. Recusando-se a ser artista, não tem consciência de linguagem e "não concebe facilmente que o artista passe quase que indiferentemente da *forma* ao *conteúdo* e do *conteúdo* à *forma*; que uma *forma* lhe *ocorra antes do sentido que lhe vai dar, nem que* a *ideia de uma forma* seja, para ele, igual à *ideia que exige uma forma*"[39].

Um homem como Leonardo, que pensa por ícones, que não separa o compreender do criar, nem distingue a teoria da prática, não pode ser alinhado entre os filósofos, que, no entanto, pretendem, sempre e inutilmente, propor ou fundar uma ética e uma estética. No entanto,

[...] esse homem é um ancestral autêntico e imediato da ciência mais moderna [...]. Digo: *que a ciência é o conjunto das fórmulas e procedimentos que sempre conduzem a resultados certos* e que ela se vai aproximando progressivamente de uma *tábua de correspondência entre os nossos atos e os fenômenos* – uma tábua, cada vez mais rica e nítida, de correspondências notadas em sistemas de notação os mais precisos e econômicos[40].

Leonardo é pintor: *digo que ele tem a pintura por filosofia*[41].

Ele se move, de certo modo, a partir das aparências dos objetos; reduz ou tenta reduzir os seus caracteres morfológicos a sistemas de forças; uma vez conhecidos tais sistemas – *re-sentidos* – e raciocinados – remata, ou, antes, retoma (renova) o seu movimento pela execução do desenho ou do quadro, no qual recolhe todo o fruto de seu labor. Recriou, assim, um aspecto ou uma projeção dos seres, através de uma análise em profundidade de suas propriedades de toda espécie[42].

[...] vi nele um tipo de trabalho tão consciente que aí se unem inextricavelmente arte e ciência – exemplar de um sistema de arte fundado na

38. *Idem*, p. 162.
39. *Idem*, p. 152.
40. *LP*, p. 163.
41. *Idem*, p. 171.
42. *Idem*, p. 172.

análise *geral*, e sempre empenhado, quando realiza obra *particular*, em não compô-la senão de elementos verificáveis[43].

Os filósofos nunca operaram a partir de uma análise da linguagem [escrita] que a reduzisse à sua natureza estatística[44].

Foi o que fez Poe, inaugurando a era semiótica moderna.

Resumindo e concluindo, podemos dizer que o protométodo ou quase-método de Paul Valéry é um método, naturalmente, metalinguístico – mais do que isto, é um metamétodo que busca aproximar a metalinguagem da linguagem-objeto. Curiosa ou notavelmente, é um método em que o chamado eixo de similaridade, paradigmático, se sobrepõe, se confunde, se projeta sobre o chamado eixo de contiguidade, sintagmático – e que é o processo da função poética da linguagem, segundo Roman Jakobson. É, pois, um método propriamente *poético*. E paradigmático.

Ora, um método, enquanto modelo ou possibilidade de discurso metodológico, enquanto metalinguagem, é ou pende para o sintagma, para a articulação sintagmática – e para a prosa. No eixo do paradigma, fica a linguagem-

---

43. *Idem*, p. 173.
44. *Idem*, p. 184. Hoje são comuns, pode-se dizer, os estudos estatísticos sobre a linguagem, particularmente depois da formalização da Teoria da Informação. Em 1964, Luiz Angelo Pinto e eu chegamos a realizar algumas pesquisas elementares a respeito (cf. "Crítica, Criação, Informação", *Invenção*, São Paulo, nº 4, dez. de 1964). Se Max Bense puder ser considerado filósofo, a sua "estetística" é um exemplo mais a propósito, mas a debilidade de sua volúvel estética reside justamente onde pretende programar o belo; sua parte mais sólida refere-se à caracterização do fato estético como informação, ou seja, como desvio da norma estatística.

-objeto – a poesia, no seu mais amplo sentido, verbal e não-verbal: analogia e similaridade. No método vinci--valeriano, o sintagma busca aproximar-se do paradigma, a prosa da poesia – assim como esta de seu objeto.

Toda poesia é concreta, ser de linguagem que recupera e (re)propõe o mundo real: interpretante concreto, em sentido peirciano.

O que Mallarmé tentou – a interpretação órfica do universo – a redução do universo à linguagem, de que resultou a "descoberta" do universo da linguagem em nível semiótico (ou seja, no limiar da saturação do código verbal), tentou Valéry, em sua prosa-pensamento em relação ao mundo poético – não fosse ele poeta de formação matemática, discípulo do mestre-inventor de Valvins.

Que ele considere que este seja exatamente o método da ciência moderna não é, seguramente, a menos extraordinária de suas proposições, sendo a única que parece aproximar estruturalmente ciência e arte.

E que a prosa (a prosa não-criativa, muito particularmente) seja metalinguagem em relação à poesia, seja um interpretante (símbolos) que, para captar a natureza sensível de seu objeto (ícones), deva aproximar-se dele, deva ser uma projeção dela – é também uma dedução obrigatória, em termos semióticos.

Reservamos para o Cap. 2 deste trabalho o exame mais detido deste problema.

2. A Semiótica de Peirce e sua Protoestética

Para Charles Sanders Peirce, a Lógica não era senão um outro nome possível para *Semiótica*, a teoria geral dos signos, definida por ele, de modo mais explícito, como uma doutrina quase-necessária ou formal dos signos.

Por doutrina quase-necessária ou formal, quero significar que observamos os caracteres desses signos tais como os conhecemos, e dessa observação, por um processo que não discordo em chamar de Abstração, somos levados a pronunciamentos eminentemente falíveis e, portanto, nesse sentido, de modo algum necessários, sobre o que *devem* ser os caracteres de todos os signos usados por uma inteligência "científica", ou seja, por uma inteligência capaz de aprender pela experiência (2.227)[1].

---

1. Conforme tradição firmada no mundo de cultura inglesa, as citações da obra peirciana são codificadas por volume e parágrafo referentes à edição *Collected Papers of Charles Sanders Peirce*, Cambridge, Harvard University Press, 1931-1958, 8 vols. Os seis primeiros volumes (1931-1935) foram organizados por Charles Hartshorne e Paul Weiss; os dois últimos (1958), por Arthur W. Burks. No código, a primeira cifra

Para Peirce, "todo pensamento é um signo" (1.538) e o próprio homem é um signo:

> Em qualquer momento, o homem é um pensamento, e como o pensamento é uma espécie de símbolo, a resposta geral à questão: Que é o homem? – é que ele é um símbolo (7.582).

A IDEOSCOPIA

As hoje famosas tricotomias de Peirce, referentes ao processo do significado e à classificação dos signos, não podem ser devidamente meditadas e compreendidas sem uma apresentação prévia de suas *categorias da experiência*, as categorias *cenopitagóricas* – como ele as denominava, dado o seu caráter numérico – e que compõem a sua *Ideoscopia*, que ele distinguia da Fenomenologia.

Numa carta, datada de 12 de outubro de 1904, das várias que escreveu a Lady Victoria Welby, semanticista inglesa que então preparava o verbete *significs* para a *Encyclopaedia Britannica*, depois de dizer que o "mais alto grau de realidade só é atingido pelos signos" (8.327), declara:

> Você sabe que aprovo particularmente a invenção de novas palavras para novas ideias. Não sei se o estudo que chamo de Ideoscopia pode ser tido por ideia nova, mas a palavra *fenomenologia*

---

reporta-se ao volume e a segunda, ao parágrafo. O critério continua válido para a nova edição, em quatro volumes duplos, mas não para a edição da obra global, que segue a ordem cronológica (edição pela Universidade de Indiana, década de 1990).

é usada num sentido diferente. A *Ideoscopia* consiste em descrever e classificar as ideias que pertencem à experiência ordinária ou que emergem naturalmente em conexão com a vida corrente, sem levar em consideração a sua psicologia ou se são válidas ou não-válidas. Na dedicação a esses estudos, há muito (1867) fui levado, depois de três ou quatro anos, a lançar todas as ideias em três classes: de *Primeiridade*, de *Secundidade*, de *Terceiridade*[2]. Esta espécie de noção me é tão desagradável quanto a quem mais o seja, e durante anos esforcei-me por refutá-la e ridicularizá-la; mas de há muito que ela me conquistou completamente (8.328).

Embora tivesse essa noção por relativamente simples, a ela voltou reiteradas vezes:

Todos os elementos da experiência pertencem a três classes; como elas podem melhor ser definidas em termos de números, são denominadas *categorias cenopitagóricas*. A saber:
Primeiro (First) – *experiências monádicas* ou *simples*, em que os elementos são de tal natureza que poderiam ser o que são sem inconsistência, ainda que nada mais houvesse na experiência;
Segundo (Second) – *experiências diádicas* ou *recorrências*, sendo, cada uma, uma experiência direta de um par de objetos em oposição;
Terceiro (Third) – *experiências triádicas* ou *compreensões*; sendo, cada uma, uma experiência direta que liga outras experiências possíveis (7.528).

Experiência monádica:

---

2. Proponho estas traduções simplesmente por me parecerem mais literais para as expressões peircianas *Firstness*, *Secondness*, *Thirdness* do que as versões "Primariedade", "Secundariedade" e "Terciariedade", adotadas por Haroldo de Campos em seu notável trabalho de organização da *Pequena Estética*, de Max Bense (São Paulo, Perspectiva, 1971) e por Octanny Silveira da Mota & Leonidas Hegenberg, em sua seleção de escritos de Peirce, *Semiótica e Filosofia* (São Paulo, Cultrix, 1972).

Uma *qualidade* de sentimento – por exemplo, uma certa cor vermelha – pode ser imaginada como constituindo o todo da experiência de alguém, sem qualquer sentido de começo, fim ou continuação, sem qualquer autoconsciência distinta do sentimento da cor, sem comparação com outros sentimentos – e ainda continuar a ser a própria cor que vemos (7.530).

Experiência diádica:

O sentido do que passou será um *ego* rudimentar, o sentido do que ainda vem será um *não-ego* rudimentar. Pois a experiência passada, para cada um de nós, é *nossa*, e aquilo que o futuro traz não é nosso e só se torna presente no instante da assimilação [...]. A mudança instantânea envolveria uma espécie de choque consistindo na consciência bilateral. Esta experiência de *reação* é a segunda categoria cenopitagórica (7.531).

Experiência triádica:

Uma reação é algo que ocorre *hic et nunc*. Acontece apenas uma vez. Se repetida, já são duas reações. E se continuada por algum tempo [...], envolve a terceira categoria. [...] Uma reação que se generaliza é uma lei. Mas uma lei, por si mesma, sem o acréscimo de uma reação viva que a aplique em cada caso e ocasião, é tão impotente quanto um juiz sem delegado. [...] Todo raciocínio envolve outro raciocínio que, por sua vez, envolve outro – e assim *ad infinitum*. Todo raciocínio liga aquilo que se acaba de aprender com o conhecimento já adquirido, de modo que, dessa forma, aprendemos o que antes era desconhecido[3]. É assim que o presente de tal modo se funde com o passado recente que torna o que vem vindo como que inevitável. A consciência – do presente como fronteira entre passado e futuro

---

3. Aqui, ocorre-nos a formulação de Nietzsche: "Conhecer não é senão traduzir aquilo que não se conhece em termos do que já se conhece..."

– envolve a ambos. Raciocinar é uma nova experiência que envolve algo velho e algo até então desconhecido. O passado, como acima mencionado, é o *ego*. Meu passado recente é meu *ego* predominante; meu passado distante é meu *ego* mais generalizado. O passado da comunidade é o nosso *ego*. Ao atribuir um fluxo de tempo aos eventos desconhecidos, imputamos um quase-ego ao universo. O presente é a representação imediata do que agora estamos aprendendo e que faz com que o futuro, ou *não-ego*, seja assimilado ao *ego*. E assim se vê que o aprendizado, ou representação, é a terceira categoria cenopitagórica (7.532).

Primeiro, Segundo, Terceiro

Primeiridade – "modo ou modalidade de ser daquilo que é tal como é, positivamente e sem qualquer referência a outra coisa".

Secundidade – "modo de ser daquilo que é tal como é, com respeito a um segundo, mas sem levar em consideração qualquer terceiro".

Terceiridade – "modo de ser daquilo que é tal como é, ao estabelecer uma relação entre um segundo e um terceiro" (8.328).

Neste entrepasso, convém saber o que Peirce entendia por *sentimento* (*feeling*), um estado de consciência flagrado em qualquer um de seus momentos:

> Tome-se o que quer que esteja direta e imediatamente na consciência, a qualquer instante, tal como é, sem considerar o que significa, que partes o compõem, o que o causa ou qualquer de suas relações com qualquer outra coisa – e isto é o que Tetens (mestre de Kant) entende por sentimento – e eu, invariavelmente, empregarei essa palavra nesse sentido (7.540).

Thomas S. Knight, interpretando epistemologicamente as categorias peircianas[4], entende que a *primeiridade*, referindo-se a um sentido de qualidade ou a uma ideia de sentimento, seria um estado de consciência sobre o qual pouco pode ser afirmado, a não ser em termos negativos: é incomparável, não-relacional, indiferenciado, impermutável, inanalisável, inexplicável, indescritível, não-intelectual e irracional. Tratando-se de consciência instantânea, é não-cognitivo, original, espontâneo; é um simples sentido de qualidade – o sentido de qualidade de uma cor, por exemplo. Já a *secundidade* é uma ideia de fato, de luta, de resistência, de poder, de volição, de esforço. Realiza-se ou é percebida nos estados de "choque", surpresa, ação e percepção. Metafisicamente, caracteriza-se pela alteridade, pelo *não-ego*. O aqui-e--agora de uma qualidade constitui uma secundidade:

[...] não é um conceito, nem uma qualidade peculiar: é uma experiência. Manifesta-se plenamente no choque da reação entre ego e não-ego. Aí está a dupla consciência do esforço e da resistência. É algo que não pode ser propriamente concebido, pois concebê-lo é generalizá-lo e generalizá-lo é perder o *aqui* e o *agora* que constituem a sua essência (8.266).

Essa dualidade ou elemento diádico se manifesta quando vemos como a experiência nos compele a mudar de ideia a respeito dela mesma. O mundo, o *real*, nos força e nós resistimos, ou seja, exercemos um esforço no sentido de manter as coisas como são (entendendo-se por *real*, segundo Peirce, "aquilo que consiste em forçar

4. Thomas S. Knight, *Charles Peirce*, New York, Washington Square Press, 1965.

o seu reconhecimento como algo *outro* que não a criação da mente").

A *terceiridade* não é apenas a consciência de algo, mas também a sua força ou capacidade sancionadora – "o delegado do tribunal de justiça".

Sendo cognitiva, torna possível a mediação entre primeiridades e secundidades. Em tudo, sempre haverá algo considerado como começo (*primeiro*) e algo que pode ser considerado como fim (*segundo*), mas para conhecer a totalidade precisamos conhecer a relação entre começo e fim – o processo (*terceiridade*). Nas palavras de Peirce: "O modo de ser que *consiste* no fato de fatos futuros de secundidade virem a adquirir caráter geral, eu chamo de terceiridade" (1.26).

A terceiridade implica generalização e lei – na previsibilidade dos fatos. A lei possui um aspecto compulsivo que se impõe a nós – distinguindo-se, portanto, do simples pensar.

São primeiros: sentimentos e sensações, a indeterminação no mundo físico, qualidades, crenças, artes.

São segundos: o querer e a volição, a força, os fatos, a dúvida, o mundo dos negócios.

São terceiros: o conhecer e a cognição, a regularidade estatística no mundo físico, as leis, o hábito, a consciência.

Peirce fazia sérias objeções a Hegel, especialmente no que se refere à precária formação matemática do filósofo alemão – declarando que a "descoberta" de Hegel de que o universo estava em contínua expansão vinha com um século e meio de atraso em relação ao cálculo diferencial, com o qual matemáticos e físicos vinham formulando a mesma ideia. Contudo, reconhecia seu débito para com Hegel, afirmando expressamente: "Minha filosofia ressuscita Hegel, embora numa roupagem estranha" (1.42).

Com as devidas cautelas, podemos aproximar as categorias de Peirce dos termos da dialética hegeliana: primeiro/tese; segundo/antítese; terceiro/síntese.

O que Marx perfez em relação a Hegel, assentando a sua dialética no processo histórico, perfez Peirce, assentando-a no mundo da lógica e da linguagem. Um fundou o materialismo histórico; outro, a Semiótica.

Imagino, para finalizar com este tópico, um exemplo que possa eventualmente ilustrar e esclarecer o processo, o *gradus ad parnasus* das categorias de Peirce.

Estou caminhando por uma via de um grande centro urbano, sem que nenhuma ideia me ocupe a mente de modo particular e nenhum estímulo exterior enrijeça a minha atenção: em estado aberto de percepção cândida, digamos. Ou seja, em estado de primeiridade. Por um acidente qualquer – um raio de sol refletido num vidro de um edifício – minha atenção isola o referido edifício do conjunto urbano, arrancando-me da indeterminada situação perceptiva do estado anterior, ancorando-me no aqui-e-agora da secundidade. Em seguida, constato que essa construção é um "arranha-céu de vidro", que se insere no sistema criado por Mies van der Rohe, nos anos 1920; que Mies, por seu lado, nada mais fez do que desenvolver as possibilidades construtivas do aço e do vidro, coisa que Paxton já havia feito no seu famoso *palace made o'windows* (Thackeray), o Palácio de Cristal, de Londres, em 1851 etc. etc. Este estado de consciência corresponde à terceiridade.

Como veremos, as categorias da experiência, de Peirce, são fundamentais não só para as suas tricotomias sígnicas, como também para o que considero a sua "protoestética".

SIGNIFICADO: A RELAÇÃO TRIÁDICA

Já se tornou bem conhecido o diagrama triangular com que C. K. Ogden e I. A. Richards[5] procuraram traduzir a relação triádica básica de Peirce relativa ao problema do significado, envolvendo os termos de *Signo ou Representame / Objeto ou Referente / Interpretante*. Adaptação e interpretações desse diagrama podem ser consultadas em Colin Cherry[6], na obra citada de Max Bense, no meu primeiro trabalho sobre problemas de linguagem e comunicação[7] e em Umberto Eco[8]. Aqui, comentaremos apenas algumas definições de Peirce em relação ao Objeto e ao Interpretante, para em seguida examinarmos o quadro das três tricotomias básicas dos signos, detendo-nos no problema do ícone.

Peirce não deixou – não teve condições para tanto – uma obra sistematicamente "acabada": não teve o prazer de ver sequer um livro seu publicado. Daí que, na enorme quantidade de artigos e estudos que compõem a

---

5. C. K. Ogden & I. A. Richards, *The Meaning of Meaning*, London, Routledge & Kegan Paul Ltd., 1960.
6. Colin Cherry, *On Human Communication*, New York, Science Editions, 1959.
7. Décio Pignatari, *Informação. Linguagem. Comunicação*, São Paulo, Ateliê Editorial, 2003.
8. Umberto Eco, *La struttura assente*, Milano, Bompiani, 1968.

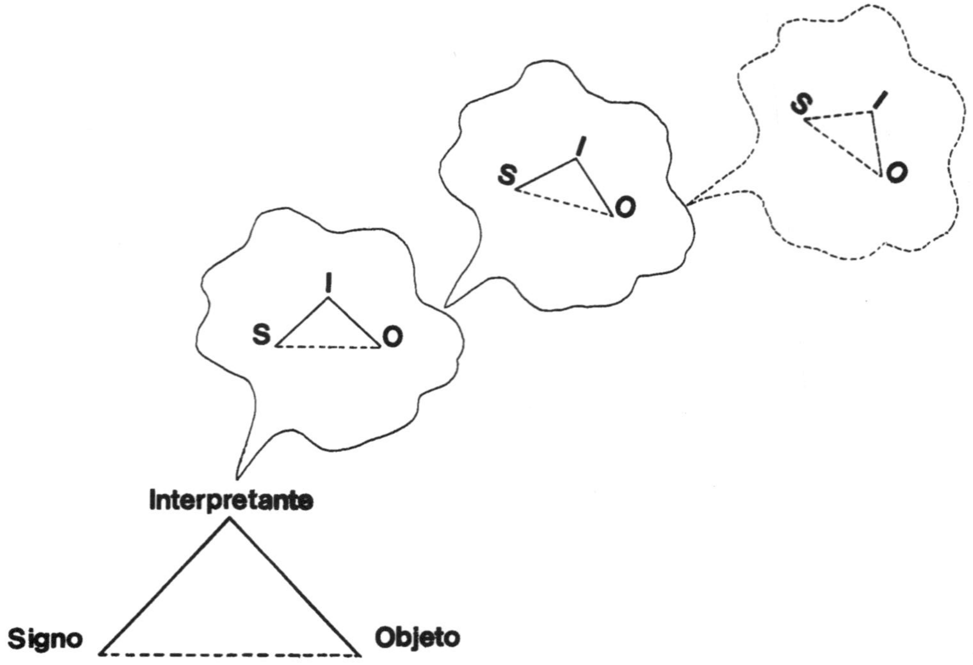

FIGURA 1

sua obra, volte seguidamente sobre suas ideias, buscando precisá-las ou expandi-las. Várias são as definições que propõe para as suas noções, como vimos a propósito da Ideoscopia; o mesmo acontece com a definição de signo. Além da mais conhecida – signo é tudo o que substitui algo, sob certos aspectos e em certa medida – apresenta também esta outra:

> *Signo ou Representame* é um Primeiro que está em genuína relação com um Segundo, chamado seu *Objeto*, de forma a ser capaz de determinar que um Terceiro, chamado seu *Interpretante*, assuma a mesma relação triádica (com o Objeto) que ele, signo, mantém em relação ao mesmo objeto (2.274).

Superando a relação diádica, tipo *signifiant / signifié* – que causa, diga-se, as maiores dificuldades ao desenvolvimento de uma semiologia de extração saussuriana – Peirce cria um terceiro vértice, chamado Interpretante, que é o signo de um signo, ou, como tentei definir em outra oportunidade[9], um supersigno, cujo Objeto não é o mesmo do signo primeiro, pois que engloba não somente Objeto e Signo, como a ele próprio, num contínuo jogo de espelhos (v. Figura 1).

Um dos postulados básicos – melhor dizendo – uma das descobertas fundamentais de Peirce é a de que o significado de um signo é sempre outro signo (um dicionário é o exemplo que ocorre imediatamente); portanto, o significado é um processo significante que se desenvolve por relações triádicas – e o Interpretante é o signo-resultado contínuo que resulta desse processo. Daí podermos deduzir que a função metalinguística, com a

---

9. "Habitação e Informação", *op. cit.*, p. 97.

sua consequente operação de saturação do código, é uma função do Interpretante; daí podermos deduzir também – o que é particularmente importante – que o nível sintático de um signo, sendo o nível de suas relações formais, é um primeiro; que o nível semântico, que é o nível de suas relações com o objeto, é um segundo; e que o nível pragmático, que é o nível de suas relações com o Interpretante, é um terceiro. Peirce distingue um Objeto Imediato e um Objeto Dinâmico, o primeiro referindo-se a uma ideia particular do objeto ("azul", uma qualidade da sensação que só pode ser conhecida por sentimento), o segundo referindo-se a relações ilimitadas que o objeto contém ou suscita e que é o único passível de investigação científica ("azul", um certo comprimento de onda luminosa). Correspondentemente, o Interpretante, que é a "significação", a "interpretação de um signo", também pode ser dividido em Interpretante Imediato e Interpretante Dinâmico (seríamos tentados a aproximar essas noções das de denotação e conotação, não fizesse Peirce a mais declarada objeção à expressão "conotação") (5.138).

Inclina-se ele a propor ainda um Interpretante Final, que *"finalmente decidiria* sobre a interpretação verdadeira de um signo, se o exame do assunto fosse levado a um ponto em que se atingisse uma opinião definitiva (*ultimate opinion*)" (8.184).

Signos: As Tricotomias

Tendo em mente o diagrama triangular, vamos examinar as três tricotomias mais importantes de Peirce – as referentes ao signo, ao objeto e ao interpretante, que situaremos, respectivamente, no vértice-do-signo, no vértice-do-objeto e no vértice-do-interpretante.

No vértice-do-signo (considerado em si mesmo), pode ele ser classificado em *qualissigno*, *sinsigno* e *legissigno*, que correspondem, pela ordem, à primeiridade, secundidade, terceiridade.

Qualissigno – uma qualidade que é um signo; só é signo quando fisicalizado (*embodied*), mas não é a fisicalização que o caracteriza como signo.

Sinsigno (*Sin* = "aquilo que é uma vez só", como em "*singular*") – coisa ou evento realmente existente que é um signo; envolve um ou mais qualissignos.

Legissigno – uma lei que é um signo. É um tipo geral, e não um objeto singular. É um protótipo, diríamos – em termos de *design* – que se manifesta e se significa por corporificações concretas, chamadas *réplicas*. Exemplo: a palavra *signo*, enquanto abstração, enquanto *word-type* (palavra-tipo), é um legissigno; a palavra *signo* concretamente reproduzida no presente texto, enquanto *word-token* (palavra-sinal ou ocorrência), é uma *réplica*, um exemplar, da palavra-tipo. Mas a réplica é um sinsigno, pois toda réplica é um objeto singular, tal como acontece com as palavras ou com os produtos fabricados em série (um automóvel, por exemplo). De maneira geral, as palavras, faladas e escritas, são legissignos; todo legissigno comporta sinsignos.

No vértice-do-objeto, o signo (em relação ao seu objeto) pode ser um *ícone*, um *índice* ou um *símbolo*.

Ícone (escala de correspondência: primeiridade, sintaxe, qualissigno, possibilidade) – é um representame[10]

---

10. Como um signo só é signo para quem o tenha como tal, Peirce parece

que, em virtude de qualidades próprias, se qualifica como signo em relação a um objeto, representando-o por traços de semelhança ou analogia, e de tal modo que novos aspectos, verdades ou propriedades relativos ao objeto podem ser descobertos ou revelados. Em relação ao seu Objeto Imediato, o ícone é sempre o signo de uma qualidade (é um *primeiro*). O ícone é o signo de um possível[11].

Um ícone puro, *genuíno*, só pode ser uma *possibilidade*, em virtude de sua qualidade – e o seu objeto só pode ser um primeiro. Uma fórmula algébrica é um ícone desse tipo. Há ícones *degenerados*, representames icônicos, que Peirce denomina *hipoícones*, classificando-os em três tipos:

Imagens – participam de qualidades simples, ou primeiras primeiridades;

Diagramas – representam algo por relações diádicas análogas em algumas de suas partes;

Metáforas – representam um paralelismo com alguma *outra* coisa[12].

---

conferir ao *representame* uma acepção mais genérica. Poderia haver representame que não fosse signo. Para esta hipótese, Peirce dá o exemplo do girassol. Se esta flor, volvendo-se em direção ao Sol, for capaz de gerar um girassol que se comporte precisamente da mesma maneira, conservando a mesma força reprodutiva, então o girassol é um representame do Sol. "Mas o pensamento é o principal, senão o único modo de representação" (2.274), acrescenta Peirce. Representame: parassigno ou quase-signo?

11. A primeiridade é o reino dos possíveis; a secundidade, dos existentes; a terceiridade, das generalizações.

12. A definição de Peirce é bem mais complexa: "As metáforas representam o caráter representativo de um representame, representando um paralelismo em outra coisa" (2.277). Em outra passagem, bastante esclarecedora, ele dá a entender que a metáfora está ligada à predicação: "Se

Observar que estas tricotomias do ícone também obedecem à gradação das categorias, sendo a *imagem* mais próxima do ícone propriamente dito, e a metáfora mais afastada dele – mais próxima, portanto, do *símbolo* (v. adiante).

Índice (escala de correspondência: secundidade, semântica, sinsigno, existente) – signo que se refere ao Objeto designado em virtude de ser realmente afetado por ele. Tendo alguma qualidade em comum com o objeto, envolve também uma espécie de ícone, mas é o fato de sua ligação direta com o objeto que o caracteriza como índice, e não os traços de semelhança. Há índices degenerados, já convencionalizados: um nome próprio, um pronome pessoal, um demonstrativo, um pronome relativo, uma seta (numa via pública, por exemplo).

Símbolo (escala de correspondência: terceiridade, nível pragmático, legissigno, lei ou pensamento) – signo que se refere ao Objeto em virtude de uma convenção, lei ou associação geral de ideias. Atua por meio de *réplicas*. Implica ideia geral e o objeto ao qual se refere deve igualmente implicar ideia geral. Envolve um índice, embora de natureza peculiar, como foi observado acima a respeito do sinsigno. A palavra é o símbolo por excelência.

---

metáfora for entendida literalmente como significando a expressão de uma similitude quando o signo de predicação é empregado em lugar do signo de semelhança – como quando dizemos 'este homem é uma raposa', em lugar de 'este homem é como uma raposa' " (7.590).
Dizemos esclarecedora, tendo em vista a questão da propriedade ou precisão da aplicação do termo "metáfora" como característica do eixo linguístico paradigmático – questão esta proposta mais adiante neste trabalho.

No vértice-do-interpretante (o signo em relação ao interpretante), pode o signo dividir-se em: *Rema*, *Dicissigno* e *Argumento*.

Rema (escala de correspondências: primeiridade, qualissigno, sintaxe, ícone, possibilidade) – signo, para o seu interpretante, de uma possibilidade qualitativa; termo ou função proposicional que representa tal ou qual espécie de objeto possível, destituída da pretensão de ser realmente afetada pelo objeto ou lei à qual se refere; elemento de um enunciado possível "O.....é ......" é um *Rema*. O que chamamos de *estilo* é um *Rema*.

Dicissigno ou *Signo Dicente* (escala de correspondência: secundidade, sinsigno, nível semântico, índice, existente) – signo, para o seu interpretante, de existência real. É uma proposição ou quase-proposição, envolvendo um *Rema*.

Argumento (escala de correspondência: terceiridade, legissigno, nível pragmático, símbolo, lei) – signo, para o seu interpretante, de uma lei, de um enunciado, de uma *proposição-enquanto-signo*. Ou seja, o objeto de um Argumento, para o seu interpretante, é representado em seu caráter de signo; esse objeto é uma lei geral ou tipo. Envolve um dicissigno[13] (v. Figura 2, para a *Tábua de Correspondência*).

---

13. Cf. as obras citadas de Max Bense, com as anotações de Haroldo de Campos e Elisabeth Walter; de Umberto Eco e dos textos peircianos selecionados e traduzidos por Otanny Silveira da Mota e Leonidas Hegenberg com as devidas variações de tradução e, mesmo, de interpretação, não só no referente às tricotomias como também no que tange às dez classes de signos que Peirce delas derivou, contenção máxima que conseguiu, conforme confessa, em sua explosiva fúria classificatória.

Tábua de Correspondência das Tricotomias Peircianas

O SIGNO EM RELAÇÃO A:

	Si Mesmo	Objeto		Interpretante	Nível de Análise	Reino ou Campo	Característica
Primeiridade	Qualissigno	Signos Icônicos ou Hipoícones — Imagem	Ícone	Rema	Sintático	Do Possível	Qualidade
Secundidade	Sinsigno	Diagrama	Índice	Dicissigno ou Dicente	Semântico	Do Existente	Choque, Reação
Terceiridade	Legissigno	Metáfora	Símbolo	Argumento	Pragmático (Significado de Uso Efetivo)	Da Norma, da Lei	Generalização

FIGURA 2

A questão do ícone

Com acerto aborda Umberto Eco, em sua *La struttura assente*, o problema do ícone ou dos signos icônicos – central para as questões estéticas e tão importante quanto complexo na semiótica de Peirce. Infelizmente, como ele próprio adverte em nota ao pé da página 36 (*op. cit.*), seu conhecimento de Peirce parece ter sido indireto, àquelas alturas, através das obras de Ogden e Richards, Charles Morris[14], Max Bense e, principalmente, Nynfa Bosco[15] – com a agravante de a bibliografia de Peirce vir referida sem os dois últimos volumes, publicados em 1958. Este fato provoca uns tantos ruídos em sua mensagem e uns descaminhamentos verdadeiramente erráticos... Não obstante, várias de suas considerações nesse campo são das mais sugestivas e pertinentes.

Eco parte de uma definição eventualmente extraída e traduzida do volume II dos *Collected Papers* – e que, confesso, não consegui localizar:

> *Peirce definiva le iconi come* quei segni che hanno una certa nativa somiglianza con l'oggetto a cui si riferiscono[16].

---

14. Charles Morris, *Segni, linguaggio e comportamento*, Milano, Longanesi, 1949.
15. Nynfa Bosco, *La filosofia pragmatica de Ch. S. Peirce*, Torino, Edizioni di "Filosofia", *apud* U. Eco, *op. cit.*, 1959, p. 36.
16. "Peirce definia os ícones como aqueles signos que têm uma natural semelhança com o objeto ao qual se referem." Entre as muitas definições que Peirce apresenta, duas parecem-me aproximar-se mais desta: "O ícone é um signo que se refere ao objeto que denota simplesmente em virtude de caracteres próprios (dele, signo) e que ele possui independentemente da existência, ou não, do objeto" (2.257).
E mais adiante, nesse mesmo parágrafo: "Qualquer coisa, seja qualidade, existente individual ou lei, é um ícone de algo, desde que se

E prossegue: "*La definizione* [sic] *di segno iconico ha avuto una certa fortuna, ed è stata ripresa da Morris* [...]" – e passa a discutir também a definição – uma das – de Morris. São triviais as suas considerações sobre a iconicidade de um retrato da rainha Elizabeth em relação à própria soberana, pois é da natureza do signo em geral, e não apenas do signo icônico, *representar* (e não "reproduzir"), por substituição, algo em certa medida e sob certos aspectos. Um signo – e com maior pertinência um signo icônico – é um modelo e, como tal, implica redução em relação ao fenômeno de que é modelo, processo sígnico que comanda a elaboração de um retrato ou de um projeto arquitetônico. A definição que Eco propõe chega justamente ao modelo e introduz a noção de convencionalidade com propriedade, mas limita-se ao campo dos códigos visuais imitativos em relação à percepção do objeto.

Por esse sucinto exemplo de análise, pode-se perceber como é difícil ter uma ideia mais clara da visão semiótica de Peirce, sem ter em vista o sistema que esboçou – particularmente a sua Ideoscopia. O ícone, sendo um primeiro e um qualissigno, refere-se a qualidades e labora no campo do possível e do indeterminado. De resto, é notável a semelhança do sistema peirciano com os processos chamados *estocásticos* ou markovianos,

---

assemelhe a ele e seja usado como signo em relação a ele". E a outra: "Mas um signo pode ser *icônico*, ou seja, pode representar seu objeto principalmente por similaridade, não importando qual o seu modo de ser" (2. 276).

Lembrar, como já referimos, que Peirce distinguia entre *ícone* e *signos icônicos*, para os quais cria a subcategoria dos *hipoícones* – embora ele próprio, em muitas instâncias, não faça a distinção.

que partem do indeterminado para o determinado, do zerograma para o multigrama, da baixa definição para a alta definição (em termos da Teoria da Informação), de um qualissigno para um legissigno, de um ícone para um símbolo, de um rema para um argumento (ao nível icônico, o processo estocástico pode ser ilustrado na projeção de um *slide*, quando se parte do desfoque máximo para o foco otimizado). A coerência de seu sistema, num abarcamento que só pode ser provisoriamente global, nas presentes circunstâncias e no atual estágio de meu conhecimento da obra peirciana, é, não obstante, fundamental – tendo em vista o escopo deste trabalho – para a compreensão do que eu considero a sua "protoestética" ou "quase-estética".

Algumas características do ícone peirciano são, pode-se dizer, impressionantemente reveladoras dos aspectos profundos da natureza da linguagem em geral, e da linguagem artística em particular. Uma delas refere-se à *Abertura* do signo icônico:

> Todo ícone participa do caráter mais ou menos manifesto, aberto (*overt*) de seu Objeto. Cada um e todos eles partilham da mais aberta das características de todas as mentiras e decepções – a sua (delas) Abertura (*Overtness*). No entanto, eles têm mais a ver com o caráter vivo da verdade do que os Símbolos ou os Índices. O ícone não está [não substitui] para esta ou aquela coisa existente, inequivocamente – como o faz o Índice. Seu objeto pode ser uma pura ficção, quanto à sua existência.
>
> E muito menos é seu Objeto, necessariamente, uma coisa de espécie habitualmente encontrável. Mas há uma certeza (*assurance*) que o ícone propicia no mais alto grau. A saber, aquilo que o ícone exibe ante a contemplação da mente – a Forma do Ícone, que é também o seu Objeto – deve ser *logicamente possível*. [...] Ora, o raciocinar tem de tornar manifesta a sua conclusão. Por conseguinte,

deve ele ocupar-se principalmente de formas, que são os principais objetos da introvisão (*insight*) racional. Segue-se que os ícones são especialmente exigidos para o raciocinar. Um diagrama é, antes de mais nada, um ícone – e um ícone de relações inteligíveis. É verdade que não aprendemos o que *deve ser* pela simples inspeção de algo. Mas, quando dizemos que o raciocínio dedutivo é necessário, não queremos significar, por certo, que ele seja infalível. O que queremos dizer, precisamente, é que a conclusão se deriva da forma das relações propostas na premissa. Ora, o diagrama, embora apresente Traços Simboloides (*Symbolide Features*), bem como traços que o aproximam da natureza dos Índices, é, antes de mais nada, um Ícone das formas de relações na constituição de seu Objeto, sendo fácil de ver a sua adequação à inferência necessária (4.531).

Essa ideia do ícone como quase-objeto e que pode, inclusive, na sua manifestação mais genuína, ser uma representação analógica que cria ou suscita o objeto representado – uma fórmula algébrica, um diagrama de Venn (hoje tranquilamente aplicados no ensino de grau primário, para as ideias de conjunto), um quadro abstrato ou "concreto", um prelúdio de Chopin, um verso de Horácio etc. – aproxima sensivelmente as visões de Peirce e Valéry (em seus estudos sobre Leonardo, para não dizermos de toda a sua visão crítico-criativa).

Prossegue Peirce:

O arranjo de palavras numa sentença, por exemplo, deve funcionar como ícone, para que a sentença possa ser compreendida (a ideia da sentença como *gestalt* é prenunciada aqui). A principal necessidade que temos dos ícones refere-se à necessidade de mostrar as Formas de síntese dos elementos do pensamento. Falando mais precisamente, os Ícones não podem representar outra coisa senão Formas e Sentimentos. Eis por que os Diagramas são indispensáveis em todas as Matemáticas. [...] Os Ícones puros não representam senão Formas; Formas puras só podem ser representadas por Ícones (4.544).

Também a formulação de conceitos depende de ícones:

> Um conceito não é apenas uma mistura de particulares – esta é apenas a sua forma mais crua. Um conceito é a influência viva que exerce sobre nós um diagrama, ou ícone, com cujas diversas partes um número igual de sentimentos e ideias se une no pensamento para formar sistemas. Mas o ícone nem sempre é claramente aprendido. Podemos não saber sequer o que ele seja; ou podemos tê-lo aprendido por observação da natureza (7.467).

Para Peirce, o ícone é o signo da descoberta, o signo heurístico por excelência – e aqui o pensamento de Valéry dele se aproxima de maneira inocultável:

> À primeira vista, chamar de ícone uma expressão algébrica parece uma classificação arbitrária; ela poderia muito bem, ou, melhormente, ser tida como um signo composto convencional. Mas não é isto o que se dá. Pois uma das grandes propriedades distintivas do ícone é a de que, ao seu exame direto, outras verdades concernentes ao seu objeto podem ser descobertas, além daquelas suficientes para a determinação de sua construção. É assim que, por meio de duas fotografias, podemos traçar um mapa etc. Dado um signo convencional ou geral de um objeto, para que possamos deduzir qualquer verdade que ele não signifique explicitamente, necessário se faz, em qualquer caso, substituir aquele signo por um ícone. A utilidade de uma fórmula algébrica consiste precisamente na sua capacidade de revelar uma verdade inesperada – e é por isso que nela prevalece o caráter icônico (2.279).

E conclui Peirce, ao final do parágrafo em que trata da fotografia, que ele considera antes um índice do que um ícone[17]:

---

17. A fotografia, especialmente o instantâneo, representa, a certos respeitos, exatamente o objeto, pois fisicamente ela corresponde ponto por ponto

Acaba-se constatando que o raciocínio dos matemáticos gira principalmente em torno do uso de semelhanças, que são os próprios gonzos dos portões de sua ciência. A utilidade das semelhanças para os matemáticos consiste em sugerir, de modo muito preciso, novos aspectos dos supostos estados das coisas (2.281).

AS INFERÊNCIAS ASSOCIATIVAS: CONTIGUIDADE E SEMELHANÇA

As distinções e classificações não são absolutas, assim como nenhum signo é absolutamente preciso. São elas operações lógicas de digitalização para efeito de aná-

ao dado da natureza (sensibilização luminosa da chapa ou película). Seriam as fotos índices-signos que se referem ao objeto por conexão física. Poderíamos dizer que a fotografia é um hipoícone, uma imagem em primeira articulação, e um *índice*, em segunda articulação, não fosse extremamente arriscado transpor para os ícones as noções e classificações de natureza linguística, tal como vem fazendo a semiologia europeia de extração saussuriana. O *parti-pris* dessa semiologia é claramente linguístico-verbal, ou seja, em termos peircianos, simbólico. Como é da natureza dos símbolos – que nos permitem pensar sobre pensamentos e, portanto, criar abstrações – apoiar-se em hábitos já definitivamente formados (daí a sua capacidade de criar "automatismos verbais", no sentido valéryano), as tentativas semiológicas de tipo saussuriano, no sentido de codificarem os signos icônicos, estão eivadas, na maioria dos casos, do vício verbalista, na medida mesma em que tentam transpor, para o universo icônico, métodos, operações e conceitos eventualmente só pertinentes ao universo verbal, ou seja, simbólico. Acredito que tentativas do gênero serão mais frutuosas a partir da concepção peirciana de ícone – para não dizer de toda a sua Semiótica. É pelo menos irônico que Umberto Eco ponha em questão a noção de signo icônico, partindo de uma definição diluída que atribui a Peirce (para em seguida tentar pôr em questão também a proposição de Morris relativa à natureza icônica do signo estético – em si mesma correta), cujo *ícone*, afinal, é

lise e controle de fenômenos contínuos, donde tenderem a multiplicar-se para maior precisão na apreensão das gradações desse mesmo contínuo.

As sugestões associativas são *inferências*, segundo Peirce, e as inferências podem ser de dois tipos: por Contiguidade (*Contiguity*) e por Semelhança (*Resemblance*), expressões cunhadas por David Hume (1711–1776) e que tiveram o mais amplo curso no pensamento moderno, como o demonstram os exemplos da psicologia da *gestalt* e da linguística estrutural.

As investigações de Peirce parecem-nos ricas justamente na medida em que rompem com o absolutismo dessa consagrada divisão. Partindo do pressuposto de que a diferença entre os fenômenos mentais é apenas uma questão de grau, as inferências por similaridade se

---

um precursor da noção de "obra aberta", do próprio Eco, como vimos. De outra parte, Eco parece alarmar-se com a expansão do icônico e do analógico, como que temendo que tudo no mundo, por fim, acabe por resolver-se em termos de ícone e analogia, assim como se alarma Haroldo de Campos com a aparente consequência da tese peirce-morrisiana, que "confinaria a arte ao puro campo da metáfora, o que é, evidentemente, absurdo" (Max Bense, *op. cit.*, pp. 20-21). Para eventual terror e pasmo de Eco, não é outra coisa o que diz Peirce, nesta passagem: "São assim todas as semelhanças: pois quaisquer dois objetos da natureza se parecem entre si – e tanto quanto quaisquer outros dois; é apenas com referência aos nossos sentidos (*senses*) e necessidades que uma semelhança conta mais do que outra" (1.365). Não por acaso o interpretante sempre acaba por configurar-se em ícone, não por acaso artistas e cientistas, na visão do criador da Semiótica, são criadores de ícones. Quanto à metáfora, vimos que ela é apenas um dos três hipoícones – e a mais próxima de um *terceiro* (símbolo), na gradação ideoscópica de Peirce. Com razão se alarma Haroldo de Campos, pois a transposição de noções da esfera linguística para a esfera semiótica pode, de fato, conduzir a resultados paradoxais...

relacionam com as inferências por contiguidade, assim como a consciência interna se relaciona com a experiência externa.

> Sugestão por contiguidade significa que, quando uma ideia nos é familiar como parte de um sistema de ideias, pode ela trazer o sistema à nossa mente – e desse sistema, por alguma razão, uma ou outra ideia pode destacar-se e vir a ser pensada por si mesma (7.391).

Já a sugestão por semelhança consiste no fato de a mente, por uma propriedade oculta[18], unir no pensamento duas ideias que tem por similares (7.392).

Mas a inferência por similaridade também implica a ideia de conjunto, tal como ocorre com as inferências por contiguidade; apenas, nesta, o conjunto ou sistema decorre da experiência, enquanto naquela decorre de operações mentais.

Peirce ironizava os psicólogos de seu tempo, que consideravam contrária à ciência a existência de duas formas de associação; postulavam uma única, a associação por contiguidade, considerando uma classe desta a associação por similaridade. Sem cair no extremo oposto, Peirce, no entanto, se inclina para a noção de que o elemento de similaridade é comum a ambas as formas de associação, pois inferências desse tipo implicam *qualidades* que a mente aproxima, ou seja, em formas (ainda hoje, em Psicologia, a maioria dos chamados "analistas" trabalha na base de associação de "ideias", sem se darem conta de que "ideias" são "formas" e mesmo depois de

---

18. *Propriedade oculta*, para Peirce, é a que só pode ser trazida à luz por experimentação.

Lacan ter restituído a Psicanálise à sua genuinidade sígnica freudiana)[19]:

> Em toda associação, mesmo por contiguidade, a ideia potencial de *forma* do conjunto é operativa (*operative*) (7.427).

A experiência por contiguidade, ou conexão "experiencial", é o mais elementar de todos os raciocínios; já a experiência por semelhança implica maior grau de autoconsciência:

> Ela envolve algo assim como uma constante atenção para com qualidades, enquanto tais; e isto deve assentar-se, pelo menos, numa capacidade de linguagem – se não na própria linguagem (7.445 e 446).

Vale dizer, o elemento de similaridade, que implica qualidade, qualissigno, ícone/hipoícones, é comum a ambas as formas de associação, é um traço de união, uma peça de troca, se assim podemos dizer – a exemplo do que ocorre, pelo menos ao nível físico-visual, nas palavras *metáfora* e *metonímia*, com seu elemento comum *meta* (do grego = sucessão, mudança, participação). Daí podermos indagar se, dentro do sistema semiótico de Peirce, a metáfora jakobsoniana seria a mais indicada das figuras para caracterizar o eixo paradigmático, das similaridades, sendo, como é, um hipoícone *terceiro* – mais próximo, portanto, do símbolo.

19. Na lexicografia, dá-se fenômeno semelhante. Os chamados "dicionários analógicos" nada têm de analógicos: as palavras ali se agrupam por *sugestões de contiguidade*, ou seja, pelas chamadas "associações de ideias" (contíguas, entenda-se). Já um "dicionário de rimas" é um dicionário analógico, organizado por *sugestões de semelhança* (formal); e os dicionários comuns, também.

Distinguindo: ícone, imagem, diagrama, metáfora – nessa ordem – devem caracterizar o eixo paradigmático, ficando a metonímia (metaforizada) para o eixo sintagmático, em conjunto com um hipoícone de ligação (pois o *ícone*, sendo algo assim como uma "primeira primeiridade", é similaridade pura ou tão pura quanto possa ser uma relação de similaridade entre signo e objeto).

Peirce propõe, como "teoria nova" ou quase-nova, vários diagramas lógicos destinados a estabelecer gradações entre as sugestões ou inferências associativas, tanto por contiguidade como por similaridade (7.400 e seguintes). O que se segue não pretende ser um "resumo" de suas ideias nesse campo, mas inferências consequentes, sob a forma de diagramas, do que vimos desenvolvendo:

A sugere A' forma crua, hipotética, rara ou inexistente, de inferência por similaridade;
A sugere B forma crua, hipotética, rara ou inexistente, de inferência por contiguidade;
A sugere A'a inferência por similaridade, implicada a ideia de conjunto;
A sugere Ba inferência por contiguidade, implicada a ideia de conjunto.

Um Modelo Exemplar: Chá com Madeleines

A famosa passagem de Marcel Proust, na abertura (*Du côté de chez Swann*) da série que compõe seu *À la recherche du temps perdu* – romance das inferências associativas, da descoberta do mundo semiótico e da natureza gerativa e generativa do signo icônico-poético, ou seja, da linguagem artística –, poderá servir-nos para ilustrar um processo de associação por contiguidade com um elemento comum de similaridade – uma *imagem*, que é também *metonímica* em relação ao sistema ou *conjunto* evocado.

A imagem que provoca a sugestão, como se recorda, é o ato de o personagem adulto levar uma colherada de chá à boca, onde a esperava um pequeno biscoito conhecido por *petite madeleine* – combinação como que mágica, pois deixa o personagem na expectativa de um evento extraordinário; descobre que o eventual evento não está no mundo externo, mas em si mesmo; repete a operação, escruta, indaga-se: trata-se de algo do passado que busca abrir caminho através da memória (*j'éprouve la résistance et j'entends la rumeur des distances traversées*); abre-se a porta da memória, subitamente, e todo o seu passado infantil parece reviver: era justamente uma *madeleine* embebida na infusão de chá ou tília que sua tia costumava dar-lhe, nas manhãs de domingo, quando ia dizer-lhe bom-dia em seu quarto (v. Figura 3).

Em outra ordem de considerações, se pensarmos numa conexão entre os signos icônicos e a articulação sintática do universo verbal, vemos que a construção mais adequada a eles é de caráter justaposto, ou seja, são as organizações sintáticas estruturadas por coordenação (*paratáticas*), enquanto os símbolos encontram mais adequação nas construções *hipotáticas*, por subordinação. Do lado do ícone e da parataxe, ficam também o paradigma, os processos analógicos em geral, a sincronia e a simultaneidade – o que aproxima essa estrutura da estrutura das línguas isolantes, particularmente na sua expressão escrita: o ideograma. Do lado do símbolo e da hipotaxe, ficam o sintagma, a hierarquização dos componentes frásicos, os processos digitais em geral, a diacronia e a linearidade – características das línguas não-isolantes, vale dizer, da lógica inerente às línguas ocidentais. Poesia e prosa, na ordem.

De modo que a projeção do eixo paradigmático sobre o sintagmático – que caracteriza, na notável visão de Jakobson, a função poética da linguagem – implica, consequentemente, a iconização do símbolo, a analogização do digital, a neutralização da hipotaxe pela parataxe, a sincronização da diacronia, a simultaneização da linearidade – enfim, a qualitatização da quantidade e a "primeirização" da terceiridade. O percurso oposto vai conduzindo à desdensificação, à descondensação da linguagem – à prosa.

A PROTOESTÉTICA DE CHARLES SANDERS PEIRCE: UMA "RACIONABILIDADE CONCRETA"

Peirce não deixou uma estética, mas, pelo pouco que deixou sobre o assunto, vê-se que o seu pensamento se encaminha no sentido provável da impossibilidade de uma estética – tal como Hegel, antes dele, e Valéry, depois (ou contemporaneamente) – mas abrindo para uma Protoestética ou uma Quase-Estética, que é o estágio mais rico de possibilidades onde deve estruturar-se e permanecer uma "Estética".

Só mais tarde dedicou atenção mais detida à Estética, que associou à Ética e à Lógica – a tríade das Ciências Normativas.

Quanto à Estética, embora o meu primeiro ano de estudos filosóficos tivesse sido dedicado a esse ramo, exclusivamente, desde então negligenciei-a tão completamente que não me sinto autorizado a emitir sobre ela

A   sugere   A'

A   sugere   B

A   sugere   A'a

A   sugere   Ba

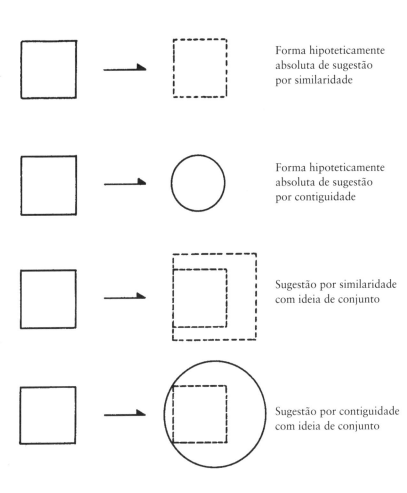

Figura 3

qualquer opinião digna de confiança. Inclino-me a pensar que existe uma tal Ciência Normativa, mas não me sinto seguro sequer sobre isso (5.129).

Lógica e Estética pareciam chocar-se como dois universos antagônicos:

> Só recentemente persuadi-me de que tal aparência é ilusória e que, ao contrário, a lógica necessita do auxílio da estética (2.197).

De saída, Peirce busca um termo ou expressão suficientemente geral que elimine a ideia de "belo":

> Para colocar a questão da estética em sua pureza, dela deveríamos eliminar não apenas quaisquer considerações de esforço, mas também toda consideração de ação e reação, incluindo reações de prazer – tudo, em suma, que pertença à oposição do *ego* e *não-ego*. Não possuímos em nossa língua uma palavra com a necessária generalidade. O grego *kalós* (καλός) e o francês *beau* apenas dela se aproximam, sem acertar exatamente na mosca. "Bonito" (*fine*) seria um pobre substituto. "Belo" é mau, porque um dos modos de ser *kalós*, em sua essência, depende da qualidade de ser não-belo (*unbeautiful*). Mas talvez que a expressão *a beleza do não-belo* (*the beauty of the unbeautiful*) não seja chocante. "Beleza" (*beauty*), porém, é demasiado epidérmico. Se empregarmos *kalós*, a questão da estética se coloca assim: Qual a qualidade cuja presença imediata permite que se diga que seja *kalós*? (2.199)

Neste passo, Thomas S. Knight[20] comenta com justeza que Peirce busca um termo para um primeiro que seja também um terceiro – uma qualidade que seja inteligível (cf. Valéry, no Cap. 1). Acrescentamos: um qualissigno que seja um legissigno, um ícone que seja um símbolo, um rema que seja um argumento.

---

20. Thomas S. Knight, *op. cit.*, p. 91.

De qualquer forma, Peirce vai tentar – como tantos "artistas filósofos" (*philosophical artists*) antes dele – uma definição do objeto esteticamente bom:

[...] deve ele ter uma quantidade (*multitude*) de partes de tal modo relacionadas umas às outras que confira uma positiva e simples qualidade imediata à sua totalidade (5.132),

pouco importando que essa qualidade possa causar repulsa, porque não só não cabem aqui o *bom* e o *mau*, esteticamente falando, como também porque, sendo inúmeras as variedades de qualidade estética, não há um grau de excelência puramente estético.

Na segunda passagem mais diretamente significativa sobre o problema estético, explicita a contradição inerente ao signo estético:

É a fruição estética que nos interessa; ignorante que sou em Arte, possuo uma boa parcela de capacidade para a fruição estética. Parece-me que, enquanto na fruição estética nos entregamos ou nos dedicamos à totalidade do Sentimento – especialmente a resultante da Qualidade de Sentimento total apresentada na obra de arte que estamos contemplando – trata-se, no entanto, de uma espécie de afinidade intelectual, da ideia de que aqui há um Sentimento que pode ser compreendido, um Sentimento razoável (raciocinável). Não logro dizer exatamente o *que* é, mas é uma consciência que pertence à categoria da Representação, embora representando algo na Categoria da Qualidade do Sentimento (5.113).

Sempre a presença do ícone[21] – traço de união entre arte e ciência – a forma da síntese por excelência. O ar-

---

21. A "afinidade intelectual" referida por Peirce é a "responsável" tanto pela "aspiração" do ícone no sentido de ser um *terceiro*, como pelo teor de convencionalização ou convencionalidade observado em muitas manifestações icônicas, conforme observação de Eco.

tista e o cientista são criadores de ícones, um na esfera do mundo psíquico, outro na esfera do mundo físico. O escritor e o cientista não diferem, de modo antagônico, em seus respectivos trabalhos. O primeiro cria uma ficção que não é arbitrária, estabelecendo afinidades que compõem algo assim como uma síntese qualitativa, da qual não se pode dizer que seja verdadeira, mas que tem caráter geral; o segundo cria diagramas que, se não são ficções, são criações onde sintetiza relações entre elementos que antes não pareciam apresentar quaisquer conexões (1.383).

E vale pelo menos recordar, nesta altura, que três grandes inteligências críticas e criadoras – um lógico-matemático, um poeta-quase-cientista e um poeta-antes-de-mais-nada – que chegaram a ser contemporâneos adultos em certo lapso de tempo e que se desconheceram totalmente (a não ser, quem sabe, em alguma circunstância fortuita), tenham composto uma tríade que chegou praticamente aos mesmos resultados no que tange ao signo estético e suas relações com a ciência: Peirce, Valéry e Pound – este também criador de uma protoestética pragmática ou prática apoiada na comparação de obras, a exemplo de um naturalista (Agassiz) em seu mister de classificação, pois que só há "estética" particularizada em obras.

Sem pretender responder ao *what* peirciano em relação à natureza de sua *beauty of the unbeautiful*, talvez se possa acrescentar-lhe um novo ingrediente esclarecedor e que ele tanto prezava – a originalidade. Em sua concepção, *originalidade* é algo muito próximo da noção da *informação*, na Teoria da Informação (em relação à *redundância*):

A indeterminação é realmente o caráter do *primeiro*. Mas não a indeterminação de homogeneidade [ou seja, redundância – observação minha]. O primeiro é cheio de vida e variedade. Mas a variedade é apenas potencial, não está definidamente lá. [...] Como pode a variedade sair do ventre da homogeneidade? Somente por um princípio de espontaneidade, que constitui exatamente aquela variedade virtual que é o primeiro (1.373).

Esta ideia se conecta com a noção de *abertura* do próprio Peirce, com a teoria e prática da poesia concreta, com a "estetística" de Max Bense, com a "obra aberta" de Umberto Eco.

A variedade-espontaneidade de Peirce outra coisa não é senão a descoberta, a originalidade. A passiva aceitação de uma lei geral que pretenda justificar por igual tanto o homogêneo quanto o vário, juntando-os num fato ininteligível, barra o caminho à descoberta (6.60).

[...] sem o elemento da originalidade espontânea, ou algo atuando como tal, o desenvolvimento do pensamento estacionaria instantaneamente (7.389).

Thomas S. Knight resume a protoestética de Peirce em duas quase-definições admiráveis: *Poetry of Consciousness* (*Poesia da Consciência*) e *A Concrete Reasonableness* (*Uma Racionabilidade Concreta*)[22] – sem deixar de apontar para o texto peirciano sobre a "verdade" da poesia:

Já ouço você dizer: "Tudo isso não são *fatos*; é poesia". Absurdo! A má poesia é falsa, concordo; mas nada é mais verdadeiro do que a verdadeira poesia. E deixe-me dizer aos cientistas que os artistas são

---

22. Thomas S. Knight, *op. cit.*, pp. 90-91.

observadores muito mais finos e precisos do que eles, excetuados os pormenores especiais que constituem o objeto de sua investigação (1.315).

Em outra passagem, podemos ver que a sua admirável visão da poesia era perfeitamente coerente com o seu sistema:

> A generalização do sentimento pode ocorrer em diferentes planos ou lados. A poesia é uma espécie de generalização do sentimento e, nessa medida, é uma metamorfose regenerativa do sentimento. Mas a poesia, num de seus lados, permanece não-generalizada (*ungeneralized*) – e a isto se deve o seu vazio. A generalização completa, a completa regeneração do sentimento é a religião, que é poesia, mas poesia completada (1.676).

Porque, infere-se, a religião propõe um nirvana – um Interpretante Final.

Breve Aceno a uma Teoria do Quase-Signo

O signo poético-semiótico, que vela e revela a natureza da linguagem, que é um possível de formas, que é a linguagem (homem) nascendo – ou que a quase-propõe – é um *protossigno* ou *quase-signo*.

É pré-constelacional, tal como o *quasar*, fonte de energia dos chamados corpos quase-estelares.

Já não é o caos, ainda não é a ordem. É um primeiro primeiro, o primeiro *bit* de informação da linguagem, a primeira precisão da imprecisão, a primeira determinação da indeterminação, entendendo-se por primeiro um processo de ser o primeiro sem ser primeiro sendo primeiro; fosse possível eliminar o verbo ser: primeiro sem primeiro primeiro.

É aquele tempolugar de que fala Peirce em sua Cosmologia[23]: na poeira de sentimentos desrelacionados do caos surgem partículas (*bits*) de semelhança.

Primeiro veio a similaridade, depois a contiguidade.

O quase-signo não é uma coisa, é uma relação, um processo. Está em todas as operações semióticas de base, fundantes – em todas as operações de saturação do código, em todas as traduções, em todas as operações intersemióticas e pansemióticas.

É primeiro e último-primeiro.

O interpretante satura o código simbólico e reverte ao ícone: da extrema diferenciação reverte à indiferenciação, que nunca é a mesma, pois já constitui outro interpretante: é o *Mal de Usher*. Está nos extremos da escala informacional: originalidade e redundância quase totais. Mallarmé e Oswald de Andrade.

Os signos informam mais em seus começos, como o homem, como as revoluções: possibilizam mais.

O homem é o quase-signo por definição e indefinição: informação e redundância quase-totais.

Não sem razão Peirce gosta do *quase*: *quasi-mind*, *quasi-flow*.

---

23. "Neste caos de sentimentos, partículas de semelhança apareceram e foram tragadas. Reapareceram por acaso. Ligeira tendência à generalização manifestou-se aqui e ali, para ser sufocada. Reapareceram, ganharam corpo. O igual começou a produzir o igual. E até pares de sentimentos desiguais começaram a ter similares e começaram a generalizar-se. E, dessa forma, relações de contiguidade, ou seja, conexões outras que não as de semelhança, vieram à tona" (8.316 a 318 – *Carta a Christine Ladd-Franklin*).

Com o que concordava Valéry, que detestava as imprecisões, mas reconhecia que sem um *à peu prés* a vida não seria possível.

O *à peu prés* é o *quase* que permite a descoberta, o mais ou menos heurístico: atirar pedras à frente do caminho, limpando por ora a barra da sobrevivência no cosmos.

É o zerograma de uma série estocástica. Não é diacronia, nem sincronia; história, nem cosmos; ser, nem não-ser – dicotomias inexistentes. O código chamado binário – 0/1, sim/não – é uma relação, envolve um terceiro.

Um quase-nada que preenche tudo.

As abreviaturas extremas chegam ao quase-signo, num percurso usheriano do interpretante: cruz, "om" e = mc^2, estrela, foice-e-martelo.

Cole Porter diria que é *the smile on the Mona Lisa, the Inferno o'Dante and the nose on the great Durante*[24].

Duas definições, por Edgar Allan Poe:

> *And yet it need not be – (that object) hid*
> *From us in life – but commom – which doth lie*
> *Each hour before us – but then only, bid*
> *With a strange sound, as of a harp-string broken,*
> *To awake us – 'T is a symbol and a token.*
> *Of what in other worlds shall be –* [25]

---

24. Cole Porter, canção *You're the top* (1936), por Ethel Merman, *Hollywood sings*, vol. 1: "The Girls", London, Decca, 1964.
25. Edgar A. Poe, *Stanzas*, *Antologia Selecionada*, editada e anotada por Philip Van Doren Stern, New York, The Viking Press, 1951, p. 600. O quase-signo comanda as boas traduções, embora seja ele mesmo intraduzível. Aqui vai uma, incerta e má: "No entanto, ele não precisa existir

Unthought-like thoughts that are the soul of thoughts[26].

Está no início de um prelúdio de Chopin, quase feito só de inícios; na *Opus 21*, de Anton Webern, feita só de inícios; no *Coup de dés*, em Giorgione, em Maso di Banco, em Volpi, na palavra *amor*.

Umberto Eco chegou, teria chegado lá, com sua *opera aperta*, não a tivesse *overworked*. Limitou-a com restringi-la à música e ao "pensamento" seriais e à interpretação pelo receptor da mensagem; alargou-a ao identificá-la com o *signifiant*, com a estrutura ausente e o seu vazio, *via* Barthes: forma que a história passa o tempo a preencher. Até, pelo que me lembre, lembrando-me de Oswald, na *Teoria Pura do Direito*, de Hans Kelsen, essa ideia comparece.

O que não é comunicação é quase-signo.

Comunicação = imitação = redundância.

O que não é imitação é quase-signo.

Quase-signo é o Acaso.

Com razão Jackson Pollock suspeitava, em suas últimas obras, que ali havia algo que não era comunicação.

Se todos se comunicassem totalmente com todos, teríamos a homogeneidade total do caos humano: tudo previsível. A morte ao vivo.

(ser) – (aquele objeto) oculto / De nós na vida – mas comum – que está / Em cada hora ante nós – mas só então, enviado / com estranho som, como de corda de harpa quebrada / Para acordar-nos – é um símbolo e um penhor / Daquilo que será em outros mundos".
26. Edgar A. Poe, "To _____", *op. cit.*, p. 628: "Pensamentos como que não-pensados que são a alma do pensamento".

"*Ce qu'on sait n'est pas à soi*"[27] – dizia Marcel.

Aquele *bit* de informação que nos diferencia dos outros, que faz o eu de um eu, o você de um você, o ele de um ele – é o quase-signo. Melhor, *um* quase-signo, que ele é sempre *um* qualitativo de cada vez.

O signo contra a vida regeneração da vida, em Lacan, empregando símbolo na acepção corrente: "*Ainsi le symbole se manifeste d'abord comme meurtre de la chose, et cette mort constitue dans le sujet l'éternisation de son désir*"[28].

O quase-signo não é forma preenchível, mas que preenche, ante-proto-quase-projeto que é de formas – e, portanto, de significados.

Aí está o mundo (quase-signo): digam e façam dele o que quiserem ou puderem (interpretante): aí está o mundo.

Um poema é um quase-signo.

Peirce, Artista Quirográfico

Foi Haroldo de Campos quem me revelou este aspecto inusitado do gênio de Peirce: seus experimentos criativos num campo inesperado – o da arte quirográfica – que podemos considerar, desde logo, novo, ou ao menos audaciosamente recuperado. Obteve-os Haroldo por indicações de Max Bense e Roman Jakobson, em cópias xerográficas, que me cedeu gentilmente para as reproduções fotográficas utilizadas nesta edição.

---

27. Poderíamos traduzir por: "O que eu sei não me pertence".
28. *Apud* Umberto Eco, *op. cit.*, p. 337: "Assim o símbolo se manifesta primeiro como assassinato da coisa, e essa morte constitui no sujeito a eternização de seu desejo".

Como o leitor pode observar, trata-se de algo assim como iluminuras expressionistas, que vão tecendo comentários não-verbais ao poema O Corvo, de Poe (os versos compareçem divididos pelo hemistíquio) e a um texto que me parece a abertura de um salmo ("Estranhas coisas se murmuram de ti, Sião, cidade de nossa rainha"), onde o decorativismo mais acentuado nem por isso deixa de representar "estranhos comentários"...

É provável que os manuscritos originais sejam em positivo, preto no branco, mas, por razões que até o momento não apuramos, os exemplos que nos chegam às mãos são em negativo; na dúvida, assim os reproduzimos aqui.

As aparentes garatujas introduzem no poema, ou, melhor, extraem dele, ícones interpretativos, transcodificando-o em outro nível semiótico por meio de acidentes e ligaduras que conferem ao todo estranhas vibrações. As palavras e versos se ligam mediante uma sintaxe visual direta sobreposta à sintaxe verbal e à sintaxe analógica (correspondências sonoras e grafotipográficas) inerentes ao poema. Certos traços, como que interrogativos, ficam suspensos no vazio, pensamento não-verbal; palavras e grupos de palavras se associam iconicamente em relações visuais novas. Ícones de terror vibram, além do verbal: novos significantes icônicos para os significantes verbais.

A operação metalinguística resulta em nova linguagem-objeto.

Embora rudimentar e primitivo – talvez por isso mesmo – esse ato criativo de Peirce abre fascinantes possibilidades de desenvolvimento, tanto em nível caliquirográfico como em nível grafotipográfico, enriquecendo

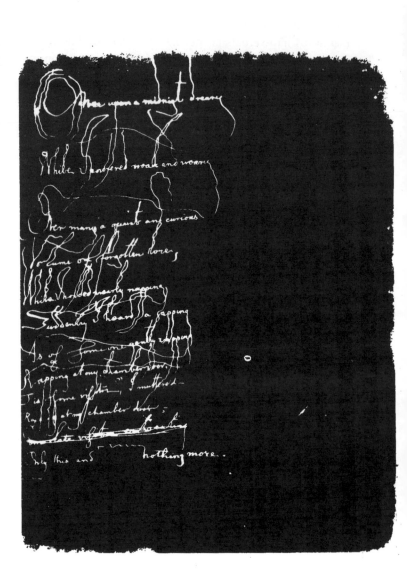

de novas dimensões a palavra escrita e sugerindo novas correspondências aos níveis falado e sonoro.

Vê-se que na mente e na sensibilidade de Peirce, coerem teoria e prática.

3. Revolução Industrial: A Multiplicação dos Códigos

A explosão de uma supernova, esvaziando-a de sua energia nuclear e conferindo-lhe uma magnitude considerável, pode estender-se por centenas de anos. A Revolução Industrial é uma explosão que começou nos fins do século XVIII, que está em processo – já em sua segunda fase, a Revolução Eletroeletrônica ou da Automação – e na qual estamos imersos.

Num correr de fio diacrônico, esperamos poder mostrar, se não demonstrar, a sincronia co-respondente que deriva da multiplicação dos códigos gerados pelas técnicas de reprodução da Idade Industrial, e a confluência-influência desses códigos, particularmente o *tipográfico*, na literatura – através de menções, neste capítulo, e de exemplificações, no Cap. 5.

QUANTIDADE E QUALIDADE

A Revolução Industrial coincide com a ascensão da burguesia ao poder, classe majoritária que se formou em torno do enclave aristocrático minoritário – e teve, como um de seus fatores propulsores básicos, o surto ou explosão demográfica[1], já notável no século XVIII e que provocaria o alarme histórico de Robert Malthus:

> Quanto à população, não posso concordar com o Arquidiácono Paley, para quem o número de habitantes é a melhor medida da quantidade de felicidade existente num país. Sem dúvida, a população crescente é um signo da felicidade e da prosperidade de um Estado; mas a população real e atual pode ser apenas um signo da felicidade que acabou[2].

Isto, em 1796. Dois anos depois, Malthus publica anonimamente seu famoso *An Essay on the Principle of Population*, onde se postula, como axioma básico, que, enquanto a população cresce em progressão geométrica, os meios de subsistência o fazem em proporção aritmética – um *abc* socioeconômico-demográfico em sentido amplo, que hoje se faz seguir de um *def* ecológico.

Nova classe: novos valores, novas necessidades. "*Le bonheur est une idée neuve en Europe!*" – teria exclamado Saint-Just, o revolucionário terrorista da Revolução Francesa[3]. A felicidade é definitivamente burguesa.

---

1. "Em 300 anos, desde 1650, o mundo multiplicou a sua população seis vezes, passando de 0,5 bilhão para 3 bilhões. Se aceitarmos a conjetura das Nações Unidas de que, no início do cristianismo, havia no mundo de 200 a 300 milhões de habitantes, vimos que foram necessários nada menos do que 16 séculos para que ela dobrasse. [...] *O rápido aumento da população mundial é um fenômeno bastante recente.*" Donald J. Bogue, *Principles of Demography*, New York, John Wiley & Sons, 1969, p. 47.
2. John Maynard Keynes, *op. cit.*, p. 20.
3. C. J. Gignoux, *Saint-Just*, Paris, La Table Ronde, p. 299.

Depois da contestação marxista de raiz, a contestação a essa felicidade iria assumir as mais variadas formas em nosso século, no auge de sua fase consumista – com Einstein declarando que "a felicidade é um objetivo digno dos porcos" e Agnès Varda, no filme *Le bonheur* (*As Duas Faces da Felicidade*), mostrando que a felicidade burguesa resulta do cumprimento sistemático de atitudes e comportamentos estatisticamente otimizados dentro dos limites de um sistema e de uma faixa salarial. E enfim: "[...] sou decididamente de opinião de que poucas coisas são mais difíceis do que inspirar novos gostos e necessidades, particularmente a partir de materiais tradicionais"[4]. É o fim do artesanato e o começo da produção mecanizada, que atingirá a perfeição de seu processo com a *assembly-line* de Henry Ford – um processo icônico-analógico ao processo da montagem de palavras e frases, no Ocidente – como bem viu o malsinado Marshall McLuhan[5], cujo pecado maior foi o de ter-se aproveitado muito bem das lições de grandes mestres: Baudelaire, Mallarmé, Valéry, Joyce, Norbert Wiener, o fundador da Cibernética. E Peirce.

A LARANJA MECÂNICA

Bem antes que Francis Picabia, o gênio Dada, pintasse suas máquinas inúteis, que são verdadeiros retratos

---

4. John Maynard Keynes, *op. cit.*, p. 33.
5. Herbert Marshall McLuhan, *Understanding Media*, *Os Meios de Comunicação como Extensões do Homem*, trad. de Décio Pignatari, São Paulo, Cultrix, p. 250: "O carro e a linha de montagem se haviam tornado a última expressão da tecnologia de Gutenberg; ou seja, da tecnologia

do artista quando-sempre inútil, Thomas Carlyle pintava um admirável retrato do processo de mecanização do homem e da cultura – menos notável pela nostalgia do artesanato, talvez, do que pela visão que teve da máquina enquanto processo e não enquanto coisa – da máquina enquanto lógica-visor que comanda a apreensão e a enformação-informação das coisas:

> Os homens cruzaram o oceano pelo vapor: o *Birmingham Fireking* visitou o Oriente fabuloso; e o gênio do Cabo, houvesse um Camões para cantá-lo de novo, outra vez seria despertado e com trovejamentos mais estranhos do que os provocados por Vasco da Gama. A máquina não tem fim. [...] A máquina não manipula só o que é externo e físico, mas também o que é interno e espiritual. Nada, aqui, segue o seu curso espontâneo, nada se deixa que possa ser realizado pelos velhos métodos naturais. Cada coisa possui seus implementos solertemente inventados, seus aparatos preestabelecidos – não é feito à mão, mas à máquina. [...] Filosofia, ciência, arte, literatura – tudo depende da máquina; [...] os livros não são apenas impressos, mas, em grande medida, são também escritos e vendidos à máquina. [...] Estas coisas que aqui alinhamos sem carregar nas tintas são, no entanto, da maior importância e indicam uma poderosa mudança em todo o nosso modo de existência. Os hábitos não regem apenas nossos modos de agir, mas também os nossos modos de pensar e sentir. Os homens se tornaram mecânicos na cabeça e no coração – tanto quanto nas mãos. Perdeu-se a fé em qualquer esforço individual ou em qualquer força natural. E *não* tendo em vista uma perfeição interna – mas apenas arranjos e combinações externas, instituições e constituições –, um Mecanismo, enfim, de um ou de outro modo. Todos os seus esforços, suas ligações e opiniões tendem a mecanismos e são de natureza mecânica[6].

---

de processos uniformes e repetitivos aplicados a todos os aspectos do trabalho e da vida".
6. Christopher Harvie; Graham Martin & Aaron Scharf, *Industrialisation and Culture*, London, MacMillan/The Open University Press, 1970, p. 21.

Mas, trinta anos antes, na passagem para o século XIX, Erasmus Darwin, avô de Charles Darwin, médico e membro da Birmingham Lunar Society, que congregava industriais, cientistas e filósofos, mergulhava as ninfas em caldeiras ferventes, mitologizando a força do vapor:

> *Soon shall thy arm UNCONQUER'D STEAM! afar*
> *Drag the slow barge, or drive the rapid car;*
> *Or on wide-waving wings expanded bear*
> *The flying chariot through the field of air*[7].

Em 1829, ano em que Carlyle soltava a sua jeremíada contra a mecanização destruidora dos valores rurais e artesanais, Edgar Allan Poe, o primeiro *Homo Semioticus*, aos vinte anos de idade, percebeu e recebeu o choque cultural que a ciência e a indústria estavam provocando em todos os campos e setores:

> *Sonnet – To Science*
>
> *Science! true daughter of Old Time thou art!*
> *Who alterest all things with thy peering eyes.*
> *Why preyest thou thus upon the poet's heart,*
> *Vulture, whose wings are dull realities?*
> *How should he love thee? or how deem thee wise?*
> *Who wouldst not leave him in his wandering*
> *To seek for treasure in the jewelled skies,*
> *Albeit he soared with an undaunted wing?*
> *Hast thou not dragged Diana from her car?*
> *And driven the Hamadryad from the wood*
> *To seek a shelter in some happier star?*

---

7. Harvie; Martin & Scharf, *op. cit.*, p. 46: "Em breve, o seu braço ó VAPOR IMBATÍVEL! longe / Levará a lenta barca ou conduzirá o carro veloz / Ou sustentará nas amplas asas em largas batidas / A carruagem volante pelos campos do ar".

Hast thou not torn the Naiad from her flood,
The Elfin from the green grass, and from me
The summer dream beneath the tamarind tree?[8]

Este é o primeiro lamento sobre a morte da poesia motivado pelo avanço da ciência, da tecnologia e da indústria, lamento que vem sendo modulado há século e meio por variados poetas, passando pelo Fauno/Mallarmé – *"Droit et seul, sous un flot antique de lumière"* –, por Ezra Pound/Hugh Selwyn Mauberley, em E. P. *Ode pour l'election de son sepulchre*:

For three years, out of key with his time,
He strove to resuscitate the dead art
Of poetry; –

até chegar ao fim da poesia em versos, com a poesia concreta – e continuar, já como lamento geral sobre a morte da arte – que só "morre" como "morria" o espírito do homem de Carlyle ameaçado pela máquina. E tal como, ingenuamente, exclamava Erasmus Darwin, em seu poema anteriormente citado:

---

8. *The Complete Tales and Poems of Edgar Allan Poe*, New York, The Modern Library/Random House, s/d., p. 992: "Soneto à Ciência: Ciência, és filha autêntica do Tempo Antigo! / Tu que tudo alteras com teus olhos penetrantes, / Por que assim rapinas o coração do poeta, / Abutre, com tuas asas que são realidades chãs? / Como pode ele amar-te ou ter-te por sábia / Se não permites que vagueie / Em busca do tesouro do céu em joias / Embora paire nas alturas com asas destemidas? / Não arrastaste Diana de seu carro? / E não obrigas a Hamadríada do bosque / A buscar abrigo em estrela mais propícia? / Não despojaste a Náiade de suas águas / O Elfo da verde relva – e a mim / Do sonho de verão sob o tamarindeiro?

Feasts without blood!

O quase-cavalheiro sulista, nos Estados Unidos, sentiu agudamente a bicada do corvo do progresso em suas entranhas poéticas, que iria produzir a ruptura violenta dos campos de valores e interesses, ruptura muitas vezes sangrenta, ao nível político-social – como foi o caso da Guerra da Secessão ou da Revolução Russa – ou, ao nível individual, o dissídio e a fragmentação da unidade da personalidade, como pode ser observado no próprio Poe, onde se chocam o lógico-*designer* dos contos de raciocínio e dos poemas programados (como *O Corvo*) e o revelador de certas facetas ocultas das operações e volições mentais (*Berenice*, *The Man in the Crowd*)[9]. É bem verdade, como veremos, que quanto mais se estuda Poe em profundidade, ou seja, afastando-nos do automatismo verbal, mais essa dicotomia parece perder os seus limites. Ao choque cultural, Poe respondeu com a "fissão na linguagem", que subverte, até hoje, as camadas da literatura.

O Choque: Romantismo e Metalinguagem

Os velhos materiais já não podem atender às novas necessidades e os signos são também materiais e

---

9. Desenvolvi o tema da perda de identidade da personalidade, ou dissídio da personalidade, como intimamente vinculada à multiplicação dos códigos e ao esfacelamento da lógica tradicional – consequência da Revolução Industrial – no ensaio "A Vida em Efígie", originalmente publicado no *Correio da Manhã*, Rio de Janeiro, 9.7.1967, e incluído posteriormente em meu livro *Contracomunicação*, São Paulo, Ateliê Editorial, 2004.

instrumentos. Mas a Revolução Industrial, de natureza mecânica (prolongamento e multiplicação da força física), não levou de roldão a milenar estrutura artesanal e rural – estrutura essa responsável pelo que conhecemos como arte, expressão estética das atividades primárias. A "arte" das atividades secundárias, industriais, parece ser o desenho industrial que, incluindo a comunicação visual, pode também ser entendido como a "arte" das atividades terciárias (serviços) e quaternárias (comunicação).

Resistindo, sendo absorvido ou simplesmente eliminado, o artesanato, como antagonista da indústria, vai deixando sua marca agonizante – e, muitas vezes, gloriosa – ao longo destes quase dois séculos, tendo na arte o seu último reduto e passando em nossos dias, paradoxalmente, a um novo nível, quando os produtos da Primeira Revolução Industrial já nos vão parecendo "artesanais" (veja-se o encanto de "objeto único" que vão adquirindo as máquinas antigas ou os filmes outrora de massa da Era Hollywood) em face dos produtos da Segunda Revolução Industrial – a da automação.

Baseados na fundamental postulação de Peirce: *o significado de um signo é um outro signo*, podemos dizer que o repertório de signos referenciais da era revoluta passaram a constituir o "significado" ou "conteúdo" do repertório de signos da nova era industrial. Assim, a sociedade urbano-artesanal e rural, ao mesmo tempo em que começava a desaparecer, continuava, com seu antigo repertório, a contaminar o novo, como vemos numa expressão como *horsepower* e tal como fazemos hoje em referência à idade mecânica em fase de transformação: "alavancas do progresso", "a todo vapor" etc.

O Romantismo, manifestação ideológica do mundo burguês e de seu individualismo em formação, é fruto da Revolução Industrial. Os sofrimentos do jovem Werther (1774) nascem praticamente com a primeira máquina a vapor, que já estava bastante aperfeiçoada por James Watt, em 1780; a nostalgia lamartiniana da paisagem "natural" (1820) é uma reação contra a locomotiva a vapor de Stephenson (1814) e uma defesa preventiva contra a mudança da paisagem urbana: chaminés superando as árvores e as torres das igrejas.

É a partir desse momento, como observou agudamente Georg Lukács, que *natureza* começa a se transformar em *paisagem*: o homem se desloca da natureza transformando-se em observador dela[10].

Assim como o "conteúdo" do *Dom Quixote* são os romances de cavalaria da Idade Média, o "conteúdo" de *Madame Bovary* – esse Dom Quixote de saias – é o Romantismo já superado pelo Realismo. O ambiente-repertório do Romantismo ainda está presente em *L'éducation sentimentale* (1869), onde o conflito arte *vs.* máquina, artesanato *vs.* indústria é mostrado metalinguisticamente através da produção de híbridos:

L'Art Industriel était un établissement hybride, comprenant un journal de peinture et un magasin de tableaux[11].

---

10. Georg Lukács, *Histoire et conscience de classe*, trad. de K. Axelos et J. Bois, Paris, Les Éditions de Minuit, 1960, p. 198.
11. Gustave Flaubert, *L'éducation sentimentale*, Paris, Audin, 1949, p. 5.
    "A Arte Industrial era um estabelecimento híbrido, compreendendo uma revista de pintura e uma galeria de quadros".

As técnicas de reprodução e o objeto único. O tema da "morte da arte", em nossos dias, ainda se alimenta desse conflito, reavivado, por exemplo, pelas teses de McLuhan, segundo as quais a Segunda Revolução Industrial, eletrônica e integrativa, opõe-se à Primeira, mecânica e desintegradora – recuperando, no processo, a visão integradora presente na produção artesanal.

A Revolução Industrial penetra na França com grande ímpeto – talvez por haver chegado atrasada umas três décadas em relação à Inglaterra, à Alemanha e aos Estados Unidos:

> *Paris change! mais rien dans ma mélancolie*
> *N'a bougé! palais neufs, échafaudages, blocs,*
> *Vieux faubourgs, tout pour moi dévient allégorie,*
> *Et mes chers souvenirs sont plus lourds que des rocs*[12].

O poeta defende o ambiente-repertório antigo de sua memória – e da arte.

Quando são publicados, em 1857, *Madame Bovary* e *Les fleurs du mal*, os códigos, as linguagens e as técnicas de reprodução já se multiplicaram de maneira impressionante: a litografia de Senefelder – que Toulouse-Lautrec elevaria à categoria de grande arte somente 80 anos mais tarde – é de 1796; as impressoras rotativas a vapor começam a operar por volta de 1810 (embora a composição ainda permaneça manual), permitindo jor-

---

12. Charles Baudelaire, *Le cygne*, de *Les fleurs du mal*, Paris, Éditions du Panthéon, 1947, p. 100: "Paris está mudando! mas nada em minha melancolia / Se mexeu! construções novas, andaimes, blocos, / Velhos bairros, tudo para mim se torna alegoria, / E minhas caras recordações são mais pesadas que as rochas".

nais e livros em tiragens até então jamais vistas (Byron ficaria famoso, "da noite para o dia", em 1812, com a publicação de *Childe Harold*); a primeira fotografia por exposição direta de chapa pré-sensibilizada é de 1829 e se deve a Nicéphore Niepce, mas a invenção do negativo, que permite a reprodução (*calótipo*), é coisa de dez anos mais tarde, obra do inglês William Henry Fox Talbot (ou do nosso Hercule Florence, três anos depois da descoberta francesa); o código Morse, 1832; o Braille, 1840 *circa*; o piano, depois de sucessivos aperfeiçoamentos, vai permitir à sensível capacidade criadora de Chopin novos efeitos que influenciarão, posteriormente, Debussy, Erik Satie e mesmo o grande discípulo deste na vanguarda atual, John Cage (vejam-se as suas peças para "piano preparado" e fragmentos da trilha sonora que ajudou a compor para o filme *Dreams that Money Can Buy*, 1947, de Hans Richter). Ainda na música, surge a grande orquestra, tornada possível por inúmeros avanços tecnológicos:

> Inovações e aperfeiçoamentos mecânicos tiveram muito que ver com o desenvolvimento da orquestra. O corne-inglês acrescentou uma nova cor à paleta orquestral. A invenção e o uso generalizado das válvulas para os metais aumentou bastante a utilidade desses instrumentos. Os sistemas de chaves Bohm aplicados aos instrumentos de sopro em muito aumentaram a sua eficácia[13].

Assim como o desenvolvimento do alambique e das destilarias na Flandres do século XV permitiram a pintura a óleo e a utilização de novos pigmentos de cor, que fizeram o deslumbramento cromático do Renascimento,

---

13. Hugh M. Miller, *History of Music*, New York, Barnes & Noble, 1958, p. 137.

assim a nova engenharia estava alterando a estrutura urbana e arquitetônica de Paris, pela mão do engenheiro Haussmann, para o desencanto de Baudelaire e o escândalo de Marx (cf. *O 18 Brumário de Luís Napoleão*). O poeta, porém, pôde permanecer o mesmo, ou julgou poder fazê-lo, pois havia descoberto o mundo semiótico da linguagem (não por acaso foi ele, também, um particularmente inteligente crítico de arte – como Apollinaire iria ser em relação aos cubistas):

> *La Nature est un temple où de vivants pilliers*
> *Laissent parfois sortir de confuses paroles;*
> *L'homme y passe à travers des forêts de symboles*
> *Qui l'observent avec des regards familiers.*
>
> *Comme des longs échos qui de loin se confondent*
> *Dans une ténébreuse et profonde unité,*
> *Vaste comme la nuit et comme la clarté*
> *Les parfums, les couleurs et les sons se répondent*[14].
>
> – *Correspondances*

A tecelagem e a tinturaria industriais estavam colocando, nas ruas e nos salões, novos padrões e novas cores sob a forma de nova moda; a indústria química, novos perfumes – e os cartazes litográficos montavam paisagens dentro da paisagem, enquanto a tipografia (novas famílias de tipos) e o clichê permitiam a revista ilustrada a cores, o jornal e novas possibilidades ao livro. A *Na-*

---

14. Charles Baudelaire, *op. cit.*, p. 15: "A Natureza é um templo onde pilastras vivas / Emitem às vezes palavras confusas; / O homem aí passa, através de florestas de símbolos / Que o observam com olhares familiares. // Como longos ecos que de longe se confundem / Numa tenebrosa e profunda unidade, / Vasto como a noite e como a claridade / Os perfumes, as cores e os sons se respondem".

ture verdadeira do poeta era a nova Paris, e a floresta de símbolos eram os *boulevards*. Sua famosa colocação sinestésica, nesse poema, pode hoje ser considerada como uma protossemiótica. As transposições intersemióticas de Jakobson, e a saturação de um código em outro, estão estreitamente vinculadas a operações de natureza isomórfica – a que o poema de Baudelaire alude, seguindo a linhagem de seu grande mestre, Edgar Poe.

O RETRATO OVAL

Naquele mesmo ano de 1857, Lady Elisabeth Eastlake, esposa de Sir Charles Eastlake – presidente da Royal Academy, diretor da National Gallery e primeiro presidente da London Photographic Society – escrevia em seu artigo "Photography", para a *Quarterly Review*, de Londres:

> Ela é a testemunha jurada de tudo o que se apresenta à sua vista. Que são os seus registros sem erros a serviço da mecânica, da engenharia, da geologia e da história natural, senão fatos da mais genuína e recalcitrante natureza? Que são seus estudos das diversas fases da loucura – quadros de vida insuperáveis em sua verdade patética – senão fatos de lições do mais profundo interesse fisiológico? Que são suas representações do leito do oceano e da superfície da lua [...] senão fatos que não pertencem à província da arte, nem à descrição, mas uma nova forma de comunicação entre homem e homem – que não é carta, bilhete ou quadro – e que agora preenche o espaço entre eles de modo tão feliz? Que são, em verdade, os nove décimos desses mapas faciais que se chamam retratos fotográficos, senão marcos e medidas que as lembranças e os olhos amorosos recobrem de beleza e animam de expressão, na mais perfeita certeza de que o seu plano de base se apoia num fato?[15]

15. Harvie; Martin & Scharf, *op. cit.*, pp. 281–282.

Aí está a definição do primeiro processo mecânico de iconização e do seu ingresso na ciência – o ícone considerado como *fato* revelador, tal como queriam e viram Leonardo, Valéry e Peirce; aí também o efeito de maravilhamento ante o impacto da fotografia, coisa de que muitas vezes nos esquecemos.

A fotografia é a principal responsável pela crise da figuração que abalou a pintura do século XIX, gerando o impressionismo e o pontilhismo (que conduziriam à abstração) – que lhe replicaram com a cor-luz. Era ainda apenas a fotografia em preto e branco; coube ao gênio de Seurat antecipar a técnica reticular que iria ser aplicada nas reproduções gráficas das futuras fotos em cores, no século atual, e que ele havia derivado dos "pontos" da técnica litográfica: em sua obra *La poudreuse*, o microícone "pó de arroz" se transforma, metalinguisticamente, no macroícone pó-cor-luz que compõe todo o quadro, funcionando como interpretante icônico. E foi através das fotos em preto e branco que os impressionistas descobriram que as sombras dos objetos tinham cor, rompendo com mais uma tradição visual renascentista: numa foto, a sombra de uma árvore, por exemplo, apresenta um granulado mais escuro – o que se traduzia, em cores, por um verde mais escuro e não pelo marrom-escuro da visualidade clássica. E enfim a fotografia exerceu um fascínio sobre as gentes, semelhante ao exercido pela televisão em nossos dias – fator poderoso da transformação da própria natureza da arte, atualmente, malgrado o desprezo que uma parte ponderável da elite intelectual lhe vota. A sedução da fotografia era tão poderosa já em meados do século XIX, que Poe posou para uma foto no dia seguinte ao de sua tentativa de suicídio, a 15 de novembro de 1848, ingerindo 30 g de láudano (salvou-se por mais um ano, porque a dose excessiva provocou uma revulsão estomacal) e enquanto cortejava, ao mesmo tempo, a Sra. Richmond e a Sra. Whitman:

> Durante a noite, fora Poe tratado num hotel por um tal Sr. McFarlane, amigo dos Whitman. Com considerável senso de valor do grande poeta que tinha a seus cuidados, McFarlane aproveitou a oportunidade e levou Poe, na manhã seguinte, ainda semidente, ao estabelecimento de Masury & Hartshorn, onde foi tirado um daguerreótipo do poeta, numa ocasião em que a aparência dele era a pior que jamais tivera em toda a sua vida[16].

Assim como o *demônio de Maxwell* preside ao mistério de certos fenômenos do mundo físico – como ficção, permitiria a passagem de calor de um corpo frio para um quente, daí possibilitando máquinas impossíveis de movimento perpétuo, em desacordo com a segunda lei da Termodinâmica[17] – assim o *démon de l'analogie*

---

16. Hervey Allen, *Israfel – Vida e Época de Edgar Allan Poe*, trad. de Oscar Mendes, Porto Alegre, Ed. do Globo, 1945, vol. II, p. 253. A foto reproduzida nessa edição – e que não deve ser sensivelmente pior do que a da edição original norte-americana – não conserva nenhum dos valores que dela fazem um documento dos mais impressionantes. Possuo uma reprodução-ampliação desse notável "retrato oval", com tratamento de viragem em sépia, trabalho de laboratório de grande precisão e sensibilidade (embora com os lados invertidos) realizado por Luiz Angelo Pinto, a partir de pequena reprodução constante de um número da revista *Life* dedicado à história da fotografia – e onde se podem ver todas as marcas iconográficas do poeta recém-egresso dos infernos. Minha reprodução foi realizada em 1971.
17. J. R. Pierce, *Símbolos, señales y ruidos*, trad. de Julio Florez, Revista de Occidente, Madrid, 1962, pp. 226-227.

comanda o mundo dos signos artísticos e, de quebra, dirige os passos deste meu trabalho.

A multiplicação e a multiplicidade de códigos e linguagens cria uma nova consciência de linguagem, obrigando a contínuos cotejos entre eles, a contínuas operações intersemióticas e, portanto, a uma visada metalinguística, mesmo no ato criativo – ou, melhor, principalmente nele, mediante processos de *metalinguagem analógica*, processos internos ao ato criador. Estes, por sua vez, conduzem à natureza do signo – algo que substitui algo para alguém em certa medida e para certos efeitos, numa das definições de Peirce – criando, portanto, uma natureza e uma realidade paralelas, porém descoladas da "realidade" e da "natureza" e que constituem a História propriamente – o ambiente tempórico-espacial propriamente humano que o homem vai tecendo com, mediante, através de e na linguagem. Instala-se também, por aí, a crise da lógica tradicional, aristotélica, com a simultânea aparição de novas lógicas, novas geometrias, novas matemáticas, novas físicas, novas artes, novas relações sociais – de Hegel e Poe a Marx e Mallarmé, a Peirce e Pound, a Machado de Assis, a Freud e Fernando Pessoa.

The Oval Portrait, de Poe, é primeira vinheta da alienação que o signo – a consciência do signo – produz em relação à vida, na medida mesma em que se propõe recuperar a vida – *an absolute life-likeness*:

[...] *he grew tremulous and very pallid, and aghast, and crying with a loud voice, "this is indeed* Life *itself"– turned suddenly to regard his beloved: She was dead!*[18]

18. Edgar A. Poe, antologia selecionada, editada e anotada por Philip Van Doren Stern, New York, The Viking Press, 1951, p. 106. "[...] tornou-se

A consciência da linguagem, essa espécie de vampirismo signico-artístico, é o campo de indução, onde do *retrato oval* ou de um nome refletido num espelho, ou seja, especularmente – *Bedlo/Olded* – sobre o qual se monta a estória de um avatar[19], chega-se à *l'absente de tous bouquets* (Mallarmé, *Crise de vers*), que calha ser a "flor é a palavra flor", de João Cabral de Melo Neto, ou a *"rose is a rose is a rose"*, de Gertrude Stein, chega-se à definição de poesia por Tonio Kröger/Thomas Mann: "a poesia é uma doce vingança contra a vida"; ao filme *Persona*, de Ingmar Bergman (na sequência em que a película se queima, descobre-se que o suporte, o *film*, o celuloide, é o signo básico); ao chamado *efeito de distanciamento* do teatro brechtiano – ou a uma sequência narrativa caligrâmica, em forma de rabo de rato, segundo o isomorfismo olho/ouvido criado por um matemático, escritor e fotógrafo, num livro infantil.

Nesse breve *Long Tale/Tail*, de Lewis Carroll, inserto em *Alice in Wonderland*, ocorre uma dupla paronomásia, ou seja, uma iconização dupla em dois planos simultâneos, sob a égide do demônio da analogia, que aqui, em 1867, dá um salto importante na literatura da Era Industrial: *a)* ao nível verbal *tale/tail* (conto/rabo); *b)* ao nível icônico verbal e não-verbal a ouvinte Alice ouve a estória do camundongo olhando-lhe a cauda, e a estória assume a configuração iconográfica de cauda[20].

---

trêmulo, muito pálido, perplexo, e gritando em alta voz – 'isto é de fato a própria *Vida!*' – voltou-se subitamente para contemplar a sua amada: *ela estava morta!*" Esta é a edição à qual nos reportaremos doravante.
19. *Idem, A Tale of the Ragged Mountains, op. cit.*, p. 95.
20. Lewis Carroll, *Alice's Adventures in Wonderland*, with illustrations by John Tenniel, colored by Fritz Kredel, New York, Random House,

Por aí pode-se inferir que, pelo menos no que respeita ao signo icônico artístico, a figura adequada ao eixo paradigmático da similaridade não é a metáfora e sim a *paronomásia* (ou, como diriam os críticos superciliosos, o *trocadilho*), que subjaz mesmo em obras estruturadas pela sugestão de contiguidade, como num quadro surrealista.

A "Morte ao Vivo"

Entre as colocações de Marshall McLuhan – esse estruturalista pragmático – está a sua teoria de que os meios de comunicação são extensões do homem e de que essa extensão, formando um ambiente, provoca o embotamento do sentido que sofre a extensão.

Este fenômeno, em verdade, e independentemente de outras precursões, está claramente indicado pelo nosso Araripe Jr., em seu extraordinário trabalho sobre Raul Pompeia, de 1888 – um dos poucos ensaios literários de nível internacional que nos legou o século XIX.

Pode-se dizer que emociona a peripécia daquele grande crítico, na sua fascinação pelo Simbolismo, que ele não podia aceitar, dados os postulados positivistas que balizavam as suas abordagens. Aquilo que se constituiria numa postulação célebre de Le Corbusier, meio século mais tarde (*machine à habiter*, transformada por João Cabral de Melo Neto em *machine à émouvoir*, aposto como epígrafe a *O Engenheiro*), é exatamente o postulado A com que Araripe Jr. abre seu ensaio: *A*

1946. V. Figura 4 (p.104), com reprodução da "cauda" desta edição, com tradução de Augusto de Campos.

Obra de Arte é uma Máquina de Emoções. É no segundo artigo que integra a segunda parte do trabalho – *A Máquina* (a primeira se intitula *O Maquinista*), datado de 24.12.1888, que se lê:

> Não se exagera impunemente uma função e a exageração da função artística, a hiperestesia da faculdade, com que esses escolhidos conseguem apreender o traço essencial das coisas, acaba, quase sem exceção, por torná-los insensíveis, indiferentes à origem das próprias volições[21].

Não à toa Araripe Jr. nutria enorme admiração por Edgar Poe, dizendo da *Gênese de um Poema* [sic] – ou seja, da *Filosofia da Composição* – que era "um capítulo de mecânica cerebral que todos os artistas deveriam trazer sempre diante dos olhos"[22]. (E dizer que o ensaio de Poe, quando reposto em circulação pelos poetas concretos, em 1957, provocaria enorme zoeira entre os defensores da chamada "inspiração poética"); não em vão o nosso ensaísta aproximou Pompeia e Mallarmé:

> Destas palavras resulta que o autor d'*O Ateneu*, deixando-se levar gradualmente pelas linhas místicas de seu temperamento, terminou por encontrar-se em plena visão órfica, com o poeta de *L'après-midi d'un faune*, o grande Mallarmé[23].

Não por acaso estava informado até do que Mallarmé estava fazendo no momento e que outra coisa não

---

21. *Obra Crítica de Araripe Jr.*, dirigida por Afrânio Coutinho, Rio de Janeiro, Ministério da Educação e Cultura/Casa de Rui Barbosa, 1960, vol. II, p. 149.
22. *Idem*, p. 163.
23. *Idem*, p. 142.

"Fury said to
a mouse, That
    he met in the
      house, 'Let
        us both go
         to law: *I*
        will prose-
        cute *you*.-
       Come, I'll
       take no de-
      nial: We
     must have
    the trial;
  For really
  this morn-
  ing I've
  nothing
  to do.'
  Said the
   mouse to
    the cur,
     'Such a
      trial, dear
       sir, With
        no jury
        or judge,
        would
       be wast-
      ing our
     breath.'
    'I'll be
    judge,
   I'll be
  jury,'
  said
  cun-
  ning
  old
  Fury:
   'I'll
    try
    the
     whole
     cause,
     and
    con-
    demn
   you to
death.'

"You are not attending!" said the Mouse to Alice, severely. "What are you thinking of?"

Disse o gato pro rato: — Façamos um trato. *Perante o tribunal eu te denuciarei.*
Que a justiça se faça. Vem, deixa de negaça, é preciso, afinal, que cumpramos a lei.
Disse o rato pro gato: — Um julgamento tal, sem juiz nem jurado, seria um disparate.
— *O juiz e o jurado serei eu, disse o gato. E tu, rato, réu nato, eu condeno a meu prato.*

FIGURA 4

era, ao que tudo indica, senão o *Coup de dés*: "Stéphane Mallarmé, o chefe real e reconhecido da escola simbolista, há dez anos que trabalha em um poema, no qual se supõe dar uma *explicação órfica* do universo"[24] – não à toa, não em vão, não por acaso: ele aborda *O Ateneu* em sua realidade básica, que é a realidade da linguagem descolando-se da realidade-ambiente anterior:

> A palavra deixou de ser o que é na realidade – uma função que todos os dias se diferença, sob a dupla influência do ambiente e das crescentes necessidades lógicas do espírito, para converter-se nessa entidade vida, nervosa, que, como a psique da poética clássica, vem dar força ao cadáver humano e ligá-lo ao universo pela magia do *harmonion*. A holófrase consciente; sempre a holófrase primitiva[25].

Em outro ensaio, bastante conhecido mas não devidamente apreendido, *Movimento Literário do Ano de 1893*, Araripe Jr. conta como chegou ao contato com as obras simbolistas e o respeito que elas lhe mereceram, como verdadeiro investigador que era:

> A Medeiros e Albuquerque devo o conhecimento que fiz em 1887 do *Decadismo*. De posse de seus livros e revistas busquei examinar cuidadosamente o valor dessas produções, as quais naquela época eram, entretanto, menoscabadas pela crítica parisiense e cobertas de ridículo pela maior parte dos jornalistas do bulevar.
> Cumpre-me, porém, dizer com franqueza que essas manifestações, por mais extravagantes que parecessem, feriram a minha atenção seriamente levando-me logo a concluir que o Decadismo ou

---

24. *Idem*, p. 135.
25. *Idem*, p. 143. Araripe Jr. chama de *holófrase* o verso e o poema mallarmaicos: "de muitos vocábulos refazer um vocábulo total, novo e estranho à língua" (v. *op. cit.*, p. 140). A holófrase não é senão o simbólico (verbal) levado ao ícone (não-verbal).

Simbolismo em Paris constituía o sintoma ou a repercussão de um fenômeno misterioso, algures agitado em virtude de causas muito poderosas.

E mais adiante:

E pode-se considerar um lugar-comum afirmar que a Europa atravessa uma crise em consequência da substituição dos antigos aparelhos pelos que a democracia moderna inventou mas cujas máquinas capitais não podem ser finalmente deslocadas sem grande abalo e talvez estrondosa subversão do solo[26].

Sobre a sua "máquina de sensações", mostra a sua origem em *Um Precursor de Taine:*

Creio também que é a escola mais fecunda [refere-se aos "aristotélicos" em geral – e Peirce, em parte, pode-se dizer, era um –, e Blackwell e Taine, em particular]. Foi ao seu contato, outrossim, que cheguei a convencer-me de que a obra de arte há de ser sempre uma máquina de sensações, aparelhada por meio de processos *semelhantes* [o grifo é meu] aos das máquinas, que têm por fim apenas o desenvolvimento da força. Todavia, sou o primeiro a reconhecer que a máquina de nada vale se não a animam a imaginação e o sentimento[27].

---

26. *Idem*, vol. III, p. 136.
27. *Idem*, vol. III, p. 256. A admiração de Araripe Jr. pelo "maquinista" Poe vai de par com a agudeza de suas observações: "Foi Edgar Poe que verdadeiramente descobriu que as coisas materiais têm uma fisionomia e uma alma como o homem, para o sentido estético; outrossim, que existem Ermênides dormindo escondidas por trás dos fatos mais insignificantes da vida. Basta para o sentir ler *The Fall of the House of Usher*. Só depois de Poe pôde ser compreendida a parte criptogrâmica que ela tem de puramente estrutural". Esta última frase é ambígua, mas não deixa de permitir que se estabeleça a vinculação entre estruturação e codificação/decodificação ou decifração.

Refere-se também Araripe Jr. a "fatos semiológicos" e "semiologia", em sua acepção filológica[28] – estudo da trasladação de significados dos signos verbais no espaço e no tempo – ao defender o "dialeto brasileiro":

> Esse fenômeno, que não é desconhecido, e que os linguistas têm notado em mais de uma colônia; este fato semiológico, de capital importância para os que escrevem, só por si seria bastante para impedir o surto da literatura nacional, se houvesse pulso bastante forte para imobilizar os autores brasileiros nas formas estilísticas de Vieira, de A. Herculano e do próprio Ramalho Ortigão. É pela semiologia que os autores ampliam a sua esfera de expressão; e a linguagem, neste ponto, anda tão intimamente ligada à expressão artística, que seria fazer voltar toda a nossa objetivação estética ao país de origem, se nos obrigassem a chamar uma fazenda de café – uma herdade; um sítio – um casal; um capão de mato – uma coutada; uma mulatinha – uma cachopa; um moleque – um garoto, e assim por diante, em uma infinidade de relações[29].

28. Em seu estudo sobre Zola e Aluísio Azevedo, *op. cit.*, vol. II, p. 67.
29. É pelo menos estranho que Ferdinand de Saussure, em seu *Cours de linguistique générale*, preparado e editado por seus alunos Bally e Sechehaye, tenha batizado de *semiologia* a uma entrevista "ciência que estuda a vida dos signos no seio da vida social", como se se tratasse de expressão nova e como se ignorasse a existência do termo na Filologia. "Pode-se, pois, conceber *uma ciência que estuda a vida dos signos no seio da vida social*; ela formaria uma parte da psicologia social, e por conseguinte da psicologia geral; nós a denominaremos de *semiologia* (do grego *semeion* = signo). Ela nos diria em que consistem os signos, que leis os regem. Como ela ainda não existe, não se pode dizer o que será, mas ela tem direito à existência, seu lugar está predeterminado. A linguística não é senão uma parte dessa ciência geral; as leis que a semiologia descobrir serão aplicadas à linguística, e esta se encontrará ligada a um domínio bem definido no conjunto dos fatos humanos" (p. 33, da edição Payot, Paris, 1965). Em relação à sua afirmação seguinte: "Cabe ao psicólogo determinar o lugar exato da semiologia", os seus alunos adendam uma nota de pé de página: "Não confundir a *semiologia* com a

Mas *semiótico* é o fato que ocorre com Sérgio/Raul Pompeia, "que entra na vida tomando-a instintivamente pelo lado do inexprimível, concebendo-a como matéria de estilo, confundindo-a com a arte na sua significação mais abstrata"[30]; Sérgio é aquele que se decepciona no gabinete de história natural, ao ver as partes do corpo humano reproduzidas em matéria inerte (signos) – pois queria "a morte ao vivo"[31].

> *semântica*, que estuda as mudanças de *significação* e de que F. de S. não deixou uma exposição metódica; mas o seu princípio fundamental está formulado à p. 109". À referida página, esta semântica é referida – ou, melhor, definida – como "*um deslocamento da relação entre o significado e o significante*". Como exemplo, entre outros, Saussure diz que o latino *necare* (matar) deu, em francês, *noyer* (afogar). Vê-se que essa acepção é muito próxima, se não idêntica, à da *semiologia* filológico--linguística referida por Araripe Jr. A vaga, para não dizer confusa, *semiologia* entrevista por Saussure – *vida* dos signos na vida social, estudo-tarefa para psicólogos – menos se aclara, se é possível, com sua afirmação da p. 34, de que "de um lado, nada é mais próprio do que a língua para fazer compreender a natureza do problema semiológico; mas, para colocá-lo convenientemente, seria preciso estudar a língua em si mesma; ora, até aqui, ela quase sempre foi abordada em função de outra coisa e de outros pontos de vista". O que é claro, isto sim, é que os que vêm tentando fundar uma semiologia saussuriana têm-se deixado contaminar pelo *semântico* (no sentido do linguista genebrino) e pelo *parti pris* verbal (simbólico, sentido peirciano). Não admira que Barthes tenha invertido o processo e considere a semiologia uma parte da Linguística. Não admira, igualmente, que Umberto Eco entenda por semiologia o estudo das relações entre código e mensagem – um problema mais de semântica do que de "semiologia". O que admira, e muito, é que esses semiólogos continuem a ignorar Peirce, que estruturou uma ciência dos signos completa, que já estava completamente desenvolvida quando Saussure apenas sonhava com a sua "semiologia".

30. Araripe Jr., *op. cit.*, vol. II, p. 149.
31. Raul Pompeia, *O Ateneu*, São Paulo, Melhoramentos, p. 80. É lamentá-

A vida vicária, a vida em efígie, é sortilégio dos signos, exterminadores da vida. E também seu ressuscitador (generaliza e regenera, diria Peirce), como já o percebera o jovem Dante:

> *Farei parlando innamorar la gente*[32].

– e o menos jovem Brás Cubas/Machado de Assis:

> [...] não é a letra que mata; a letra dá vida; o espírito é que é objeto de controvérsia; de dúvida, de interpretação, e conseguintemente de luta e de morte.

---

vel a sem-cerimônia com que se edita este livro mutilado das ilustrações do autor, que fazem parte integrante da obra. Nos países de língua inglesa, ainda hoje, a *Alice* traz as ilustrações originais, que não eram sequer de Lewis Carroll, mas de John Tenniel. Felizmente, as editoras Cultrix e Francisco Alves, em novas edições da obra, corrigiram a anomalia. [A Ateliê Editorial também editou *O Ateneu* com as ilustrações originais do autor. N. do E.]

32. *Vita nuova*, Canzone XIX – "Donne ch'avete intelletto d'amore".

4. Semiótica e Crítica Literária

Muitas disciplinas auxiliares, sem falar na Estética, têm confluído, ao longo dos tempos, para a Crítica Literária: Gramática, História, Psicologia, Sociologia, Estatística, Linguística, Semiologia de extração saussuriana. Agora parece ter chegado a vez da Semiótica peirciana, que há mais de uma década vem sendo difundida no Brasil e que ora já vai invadindo os próprios arraiais semiológicos da Europa, justamente onde se fazia sentir uma grande resistência à sua penetração.

Sem desmerecer, mais do que o necessário, da validade dessa semiologia galo-búlgara, que por aqui alcançou um razoável êxito sob a enganosa rubrica de "estruturalismo", vários vetores parecem indicar que a Teoria dos Signos, criada por Charles Peirce, está destinada a desempenhar um papel de relevo, tanto na Teoria como na Crítica Literária. De fato, são novos e mais eficazes os instrumentos teórico-práticos que põe à nossa disposição.

Para começar, a Semiótica peirciana permite-nos superar o clássico conflito entre "forma" e "conteúdo"; com a sua noção de Interpretante, Peirce rompe com a dicotomia *significante/significado*, agilizando e esclarecendo o *processo* da significação, de outro modo condenado a congelar-se em "coisa". Igualmente importante é a sua já clássica tricotomia do Signo em relação ao seu Objeto, a saber: *ícone*, *índice*, *símbolo*. O primeiro é o signo daquela qualidade do universo possível que abrange e é abrangido pelo não-verbal; o terceiro é o signo da generalização e da norma, junge-se prioritariamente ao sistema verbal; e o índice é o signo daquele fluido momento topológico, que ora aponta para um ora para outro. Muitas são as transmutações desses signos, mas a sua tipologia básica permanece instigante e esclarecedora.

Em teses, ensaios, artigos, cursos, conferências e aulas, tenho tentado demonstrar que os diversos signos tendem a privilegiar formas e articulações sintáticas próprias e específicas. Assim é que o ícone tende a desencadear paramorfismos e a articulá-los por parataxe, enquanto o símbolo prefere a metonímia e a hipotaxe. Em outras palavras, o primeiro se manifesta sob as formas de paronomásias e trocadilhos, articulando-se por coordenação, enquanto o símbolo se caracteriza pela metonímia e se organiza por subordinação. (De passagem, devo esclarecer que, ante a inadequação do termo "paronomásia" para designar os processos de similaridade que ocorrem no universo icônico, cunhei a expressão *paramorfismo* – assim como criei *signagem* para referir-me aos processos sígnicos em geral, a fim de tentar deter, em parte que seja, o indébito e alienante expansionismo do signo linguístico em direção a outros territórios.)

Por automatismo pré-industrial, ou anti-industrial, temo-nos habituado a estudar Literatura não só à parte dos demais sistemas de signos, como também desvinculada da Revolução Industrial, que, deflagrada há dois séculos, continua a desenrolar-se ante nossos olhos – e a envolver-nos, direta ou indiretamente. No entanto, se estudado em função da Revolução Industrial, o signo literário revela alguns aspectos interessantes do seu processo. Para começar, lembremo-nos de um fato pouco mencionado, qual seja, o de que o Romantismo foi o primeiro movimento literário ligado tanto à ascensão da burguesia como à Revolução Industrial. "Agora que o trem de ferro / Acorda o tigre no cerro / E espanta os caboclos nus" (C. Alves), a natureza vira paisagem, no dizer de Lukács. Um choque traumático provocado pelo conflito entre a cidade e o campo, entre o artesanal e o industrial, marca o parto do Romantismo e de sua evolução, sempre buscando conciliar arte e ciência, como se pode observar, por exemplo, em Goethe e em Edgar A. Poe.

Acho muito significativo que uma das versões da legenda do Dr. Fausto lhe atribua parte ou pacto na invenção da imprensa, uma das principais responsáveis pela ruptura entre as escrituras sagradas e as escrituras profanas, ou seja, entre religião e ciência. Mecanizada, a palavra escrita estava preparada para tornar-se o primeiro código e o primeiro *medium* de massa, o que veio a ocorrer com o extraordinário impulso e a violenta aceleração que lhe imprimiu a Revolução Industrial. Os avanços da tipografia foram rápidos, jornais surgiram por toda a parte; livros atingiram tiragens nunca vistas, como foi o caso da produção poética de Byron, que chegou a 30 e a 40 mil exemplares em poucos anos, quando não em poucos meses. Este fato contribuiu fortemente para consolidar a palavra escrita como código hegemônico e tradutor dos demais códigos – uma espécie de nhengatu ou língua geral mecânica, hegemonia esta ainda hoje defendida por muitos setores institucionais da cultura. O expansionismo logocêntrico colocou todos os demais códigos e signagens sob sua dependência.

Ao mesmo tempo, porém, e como que à margem da cultura escrita, a indústria começou a gerar meios de reprodução para os signos icônicos, não-verbais. Assim, em esquemática sucessão, tivemos, dos fins do século XVIII até nossos dias: a litografia, a fotografia, as estruturas metálicas (das pontes ao arranha-céu, passando pelas edificações em geral e pela Torre Eiffel), o clichê, o fonógrafo, o cinema, o desenho industrial, o rádio, a televisão, a holografia. Coloco a palavra falada entre os signos icônicos, embora essa linguagem fundante da cultura e do próprio homem talvez deva hoje ser situada entre o código escrito e a iconicidade sonora. Ante esse quadro, não é de estranhar que o século XIX tenha assistido tanto ao apogeu da Literatura como ao início de sua crise, assim como se torna mais compreensível o fato de esse mesmo século ter propiciado o surgimento de uma Teoria Geral dos Signos, graças à atuação criativa do norte-americano Charles Sanders Peirce. E num terceiro momento, que é o dos nossos dias, a situação parece-nos invertida: é a linguagem escrita, literária ou não, que se vê acuada pelos demais códigos e signagens. A chamada crise da palavra escrita não é senão a crise de um sistema sígnico que se vê obrigada a conhecer seus próprios limites. É uma crise geradora de liberdade e de criatividade.

Mas, paralelamente, o que vinha acontecendo no Brasil? Os nossos autores românticos pouco terão visto de máquinas em suas vidas (o único que as viu e sentiu em toda a sua sublevação histórica, o maranhense Joaquim de Sousa Andrade, fez uma revolução poética, que teimamos em ignorar até hoje). Provavelmente – e curiosamente – a máquina mais difundida no Brasil oitocentista foi a máquina impressora. Espanta-nos descobrir quantas pequenas cidades brasileiras possuíam jornal! Foram elas que possibilitaram a eclosão, na província, de um movimento poético avançado, qual foi o Simbolismo, já que os assentos poéticos da Capital Federal estavam ocupados pelos parnasianos, atrelados ao Positivismo republicano. Afinal, as correspondências sinestésicas baudelairianas são como que uma antevisão das transas intersemióticas...

Não se pode ir muito fundo no estudo da escritura machadiana, se não se compreendem as suas vinculações com a tipografia e o jornalismo; Raul Pompeia era escritor e cartunista-desenhista; Bandeira e Mário de Andrade conheciam o código musical; Augusto dos Anjos é uma poesia-trauma que nasce das ciências naturais e do Positivismo; sem telégrafo, cinema e cubo-Dada, o melhor da obra de Oswald não vem à tona do desvendamento; sem arquitetura e pintura, a poesia de João Cabral não abre mão de suas sutilezas. E não é preciso falar de movimentos como o da Poesia Concreta, cujas propostas já eram deliberadamente intersígnicas.

Toda poesia, aliás, é intersígnica, embora sob disfarce verbal, já que a função poética, na descoberta de Jakobson, deriva da superposição do paradigma sobre o sintagma, do eixo da similaridade sobre o eixo da contiguidade. Em termos semióticos, diríamos que deriva da operação de submeter o signo verbal a tratamento icônico. Com suas muitas confusões e mal-entendidos, a semiologia europeia, via Propp, sempre trouxe alguma contribuição positiva à análise das estruturas narrativas. Mas só a Semiótica permite deixar perceber que o discurso narrativo é um falso discurso lógico, sequestrado à Lógica pela sua própria escritura, de modo a resultar num sintagma icônico-diagramático, que rompe a linearidade do discurso, escrevivendo biografemas quase--verbais, quase-figurativos, da Vida.

As artes da literatura entram em nova conjunção sígnica, em que o verbal é recuperado pelo não-verbal, de modo a revelar novos estratos e novas virtualidades de sua própria natureza – em novas criações e em criações novas. A Semiótica é uma metalinguagem não--heteronômica de grandes possibilidades e instigações na análise do signo literário. E apresenta a vantagem de não somente não excluir, como, quem sabe, até induzir a (melhores) usos e aplicações de abordagens de natureza heteronômica históricas, psicológicas, sociológicas ou ideológicas (pense-se numa Semiótica do poder). E um voto de bom augúrio não lhe vai de todo mal, nestas circunstâncias: possa ela jamais enredar-se em seus próprios esquemas, mas contribuir mais e mais para o enriquecimento do objeto sígnico analisado.

5. As Decifrações Semióticas

Se Edgar Allan Poe é esse "mestre de escrever aos recuos", esse "experimentador deliberado em matéria de criação antecipatória e regressiva"[1] – na curiosa definição de Jakobson –, isto se deveu não só aos seus razoáveis conhecimentos de matemática e das ciências e técnicas mecânicas de seu tempo ou à sua capacidade de montar "máquinas", no sentido que dá à expressão Araripe Jr. (mas que podem também ter sido as máquinas de guerra com que aprendeu a lidar na Academia Militar de West Point), mas – principalmente – à sua "descoberta" da natureza de *código* da linguagem escrita (Morse inventou o seu código em 1832 e inaugurou a primeira linha telegráfica em 1844), à sua grande experiência jornalística e seu estreito contato com as técnicas de impressão tipográfica – especialmente o seu processo de composição e impressão.

1. Roman Jakobson, *Essais de linguistique générale*, Paris, Les Éditions de Minuit, 1963, p. 240.

Em seu trabalho sobre a escrita secreta ou cifrada, de 1841, ele declara expressamente:

> O leitor deve ter em mente que a base de toda a arte da solução, no que respeita a esses assuntos, deve ser encontrada nos princípios gerais da formação da própria linguagem, sendo assim completamente independente das leis particulares que regem toda mensagem cifrada ou a construção de sua chave[2].

A sua "descoberta" e os seus conhecimentos sobre criptografia estão implícitos em muitas de suas obras, em prosa e em verso, e explícitos em *The Gold Bug* (*O Escaravelho de Ouro*), onde volta a declarar: "No caso presente – assim como em todos os casos de escrita cifrada – a primeira questão diz respeito à *linguagem*, pois os princípios de solução, especialmente no que se refere às mensagens mais simples, dependem de e sofrem as variações do espírito particular do idioma"[3].

Assim como o tipógrafo, na composição manual, compõe ao revés, no componedor, palavras e frases, assim Edgar Poe endereça a linguagem à sua função poética por processos anagramáticos e hipogramáticos, não tivesse ele já no próprio nome um verdadeiro emblema de seu destino heurístico – Poe / *poetry* / *poet* / *poem* –, raiz mitoetimológica de *poesia*. Depois da extraordinária descoberta de Jakobson, em sua análise de *The Raven* (*O Corvo*) – onde *raven* é a "imagem especular encarnada" de *never*, o corvo dizendo-se a si mesmo, ou, melhor, *sendo* aquilo que diz – não é difícil rastrear na obra de Poe diversos casos ilustrativos de seu peculiar método

---

2. Edgar A. Poe, *op. cit.*, p. 242.
3. *Idem*, p. 497.

anagramático, hipogramático e anafônico, mesmo ao risco de, aqui e ali, forçar um pouco a mão às regras do jogo e desde que possa ficar passavelmente claro que tal processo de *transcodificação semiótica*:

a) apresenta elementos que configuram um parâmetro não-suscetível de ser apreendido por instrumentos puramente linguísticos, requerendo abordagens aplicáveis também a outros sistemas de signos, ou seja, abordagens semióticas propriamente ditas;

b) é um processo pelo qual se satura um código, extrapolando a mensagem para outro ou outros códigos, o que caracteriza uma operação pansemiótica ou intersemiótica que é, ao mesmo tempo, uma operação metalinguística desvendadora da natureza do signo e da linguagem em sentido lato;

c) rompe a chamada linearidade do discurso, na medida mesma em que é ambígua, pois que a ambiguidade do signo poético resulta de este ser um *signo em profundidade* – um signo que se afasta do automatismo verbal, um signo vertical, espesso, cuja espessura resulta de camadas de signos embutidos em palimpsesto, gerando simultaneidade de informação e tendendo a ou sendo um ideograma – um ícone;

d) revela a natureza icônica do signo poético, contrariando a natureza predominantemente simbólica do signo verbal, de modo que a função poética jakobsoniana outra coisa não é senão a iconização do signo simbólico, que revela, de fato, o "lado palpável" dos signos, pois o quase-signo é o que mais se aproxima do objeto, regenerando-o e querendo ser o objeto que é, já que signo poético é um signo isomórfico a um referente-objeto gerado por ele mesmo, *ser de linguagem* ("O canto é que faz cantar" – Fernando Pessoa), mas, por outro lado, é incontornável o dissídio entre o signo e o seu referente, pelo menos ao nível de *denotatum* (*O Retrato Oval*), pois o modelo icônico, bi ou tridimensional de uma molécula não é a molécula-referente em questão (que, por sua vez, não pode ser conhecida senão em função do modelo). Esta é, de resto, a ambiguidade viva fundamental do signo poético, que tende ou pré-tende a ser o seu referente-objeto sem deixar de ser signo.

INTERREGNO DA DESCOBERTA

Entre os contos de Poe aos quais volto com maior ou menor insistência, havia um que talvez colocasse acima dos demais – ou junto com *The Fall of the House of Usher* – por considerá-lo o mais estranho (se isto é possível), o mais intrigante e, portanto, o mais fascinante. Só recentemente, durante a elaboração deste trabalho, descobri o que julgo ser a chave mestra dessa mensagem cifrada – descoberta que, provavelmente, altera tudo, ou quase tudo que possa ter sido dito sobre essa obra – mas não altera, antes confirma, e de maneira, direi, espantosa, o acerto da imagem de protomestre-inventor que dele compuseram e vêm compondo, sucessivamente, Baudelaire, Mallarmé, Valéry e todos quantos, como os poetas concretos brasileiros, analisam, não de hoje, o fenômeno literário – e artístico – ao nível da estrutura da linguagem.

O conto em questão, breve, é *Berenice*, publicado pela primeira vez em 1835, quando Poe tinha 26 anos, portanto. O narrador, também personagem, faz questão de fornecer apenas o prenome, *Aegeus* (Egeu); é de nobre ancestralidade; sua mansão ou castelo apresenta muitas peculiaridades marcantes, entre as quais "a natureza muito peculiar do conteúdo da biblioteca"; crê ter vindo de uma outra existência e, quando acorda da longa noite que parecia, mas não era, uma *nonentity* (não-entidade), vê-se imerso num lugar maravilhoso e nos "selvagens domínios do pensamento e da erudição monásticas", não sendo de estranhar que tenha desperdiçado a infância com livros e dissipado a juventude em sonhos, que cobriram as fontes de sua vida, provocando uma inversão total na sua visão das coisas: as realidades do mundo passaram a ser sonhos e estes passaram a compor a própria tessitura de sua existência; Berenice, sua prima, seu oposto, outrora estuante de vida – "radiante e, no entanto, fantástica beleza" – é atacada de um mal que a torna fisicamente irreconhecível, enquanto ele, por sua vez, é atacado de uma espécie de monomania que se caracteriza pela *atenção* obsessiva por coisas sem maior significação, tais como passar horas observando a tipografia de um livro, ou repetir uma palavra qualquer até que a monótona cantilena a esvazie de significado; não amava Berenice, mesmo nos melhores tempos de sua "beleza sem paralelo", porque "os meus sentimentos *nunca vieram* do coração e minhas paixões *sempre vieram* da mente" (cf. "O que em mim sente está pensando" – de F. Pessoa), mas propõe-lhe casamento pelo muito amor que ela lhe votava; numa tarde, às vésperas das bodas, num gabinete da biblioteca, ela lhe aparece à frente como que de improviso: "She spoke no *word*, and I – not for *worlds* could I have uttered a syllable" (os grifos são meus)[4] – mas abre os lábios num sorriso monalísico, exibindo uma fileira de dentes que parecem a ele uma verdadeira visão espectral; os dentes de Berenice polarizam a sua monomania, a ponto de passar a emprestar-lhes virtudes sensíveis e expressionais, culminando com acreditar *"que toutes ses dents étaient des idées"* (em francês, no original)[5]; depois de uma noite de pesadelos, uma criada vem anunciar-lhe a morte de Berenice, vítima de um ataque de epilepsia [sic]; vê-se de novo na biblioteca, signos vagos de algum cometimento horrendo povoam-lhe a mente, tenta decifrá-los; finalmente, um tímido e murmurante servidor vem contar-lhe que a tumba de Berenice fora violada, seu corpo desfigurado

---

4. Edgar A. Poe, *op. cit.*, p. 214: "Ela não falou palavra, e eu por nada no mundo teria pronunciado uma sílaba".
5. *Idem*, pp. 215–216: "que todos os seus dentes eram ideias". A edição das obras de Poe (antologia) em que nos baseamos merece confiança, por provir da chamada edição Virgínia, em 17 volumes, *The Complete Works of Edgar Allan Poe*, cujo editor foi James A. Harrison. Na edição comercial americana mais corrente (*The Complete Tales and Poems of Edgar Allan Poe*, New York, The Modern Library/Random House, s/d.), o conto *Berenice* se apresenta mutilado e deformado justamente em seu trecho capital: "Mademoiselle Salle" por "Mad'selle Sallé" e *"que tous* [sic] *ses dents étaient des idées"* por *"que toutes ses dents étaient des idées"*. A poeana brasileira é representada por *Edgar Allan Poe – Poesia e Prosa – Obras Completas*, trad. de Oscar Mendes e Milton Amado, Porto Alegre, Editora do Globo, 1944. Aos erros da edição americana da Modern Library, que parece haver seguido, acrescenta próprios: "Mademoissele de Sallé" – e traduzindo para o português o texto-chave em francês do original!

ainda na mortalha – e ainda vivo – e vai apontando em seu amo e no ambiente uns tantos sinais estranhos: lama na roupa, a mão como que denteada de impressões de unhas humanas, uma pá à parede; num salto e num grito, Egeu apanha uma pequena caixa cuja presença à mesa não conseguia explicar, tenta abri-la, a caixa escapa-lhe das mãos e se abre no chão, exibindo, juntamente com alguns instrumentos odontológicos, *"thirty--two small, white and ivory looking substances that were scattered to and fro about the floor"*[6].

Aí estão, como que tatuadas na narrativa, em linha d'água, as marcas do choque cultural narcotizante, insensibilizante, provocado pela tirania dos signos que se impõem como única realidade (neste caso, a palavra escrita). O que não se explica, porém, é a alucinante transcodificação dos dentes em signos – ponto-chave da narrativa, que culmina com uma sequência de horror grotesco sem paralelo na literatura.

Com as pistas fornecidas pelo próprio Poe em outros escritos, beira-se a solução ou chega-se a uma quase--solução: letras do alfabeto/dentes.

Mas os sinais discretos que compõem o alfabeto não coincidem com os sinais discretos que comporiam um sistema completo de signos dentais – a saber: 32.

D. H. Lawrence, em seu estudo de 1923[7], examina mais detidamente *Ligeia* e *The Fall of the House of Usher*, dedicando um parágrafo interpretativo a *Berenice*:

---

6. Edgar A. Poe, *op. cit.*, p. 218: "trinta e duas pequenas substâncias brancas e iguais ao marfim que se espalharam pelo chão".
7. *The Recognition of Edgar Allan Poe*, organized by Eric W. Carlson, The University of Michigan Press, 1966, p. 121.

Em *Berenice*, o homem deve baixar ao sepulcro de sua amada e arrancar-lhe os trinta e dois dentinhos brancos, que ele carrega consigo numa caixa. É repulsivo e malignamente voluptuoso (*gloating*). Os dentes são instrumentos de mordedura, resistência, antagonismo. Muitas vezes são símbolo de oposição, pequenos instrumentos ou entidades de esmagamento e destruição. Daí os dentes de dragão do mito. Daí que o homem, em *Berenice*, deve apossar-se da parte irredutível de sua amada. "*Toutes ses dents étaient des idées*", diz ele. Eles são, pois, ideias fixas de um ódio mordente, de que ele mesmo está possuído.

Em outro contexto, McLuhan aproxima as ideias de alfabeto e dentes:

> Segundo o mito grego, Cadmo, legendariamente o rei que introduziu as letras do alfabeto na Grécia, semeou os dentes do dragão e deles germinaram homens armados. Como qualquer outro mito, este também sintetiza um longo processo numa introvisão fulgurante. O alfabeto significou o poder, a autoridade e o controle das estruturas militares, à distância.
>
> [...] Tudo isto está implicado no mito de Cadmo e dos dentes do dragão, incluindo a queda das cidades-Estado e a ascensão dos impérios e das burocracias militares[8].

Não teríamos saído da meia-solução se, afinal, não nos tivéssemos detido na estranha (entre as estranhas) particularidades desse conto-castelo, que é o fato de a monomania dental do personagem encontrar a sua formalização no código "língua francesa". É certo que a pertinência dessa formulação podia encontrar escoras diversas: estaria dentro da conduta textual poeana, em geral, onde são correntes pronunciamentos em francês; nada se explicita sobre a origem nacional do personagem; no próprio texto ocorre uma citação (premonitória)

---

8. Herbert Marshall McLuhan, *op. cit.*, pp. 101-102.

de Tertuliano, em latim; o personagem era intelectual e poliglota e – afinal – a formulação derivava, paralelisticamente, de uma citação anterior: "*Of Mad'selle Sallé it has been well said, 'que tous ses pas étaient des sentiments'* "[9].

Algo, porém, nesta última citação, parecia sugerir longínqua suspeita que a incriminava como autógrafa, como pseudocitação: "*mad'selle*", em lugar de "*mam'selle*"... e essa bizarra senhorita Sallé, mais convidando a jogos paronomásticos de humor do que à crença numa existência real[10].

Impunha-se a volta ao exame da formalização da obsessão: um equilíbrio gráfico, de desenho, dos sinais digitais ou alfabéticos; a leitura anagramático-especular, sugerindo, estocasticamente, paronomásias por oposição: *seèdi/ses dents*; a expressão *des idées* autorizando *desirées* ("*Des idées!* – *ah therefore* it was that I coveted them so madly!" – grifos do original)[11]. Tudo somado, pouco mais de meia-solução. Por fim, a leitura, digamos, háptico-visual, o olho apalpando a textura verbotipográfica do texto – e daí a "revelação", o *flash*-hêureca da visão icônica global: vi o enunciado-arcada dentária encarreirando-se no rosto da página e contei o número de letras da expressão "*que toutes ses dents étaient des idées*". De fato, eram 32 letras/32 dentes. E *Berenice*,

---

9. Edgar A. Poe, *op. cit.*, p. 215: "De Mad'selle Sallé se disse, com propriedade, '*que tous ses pas étaient des sentiments*' " (que todos os seus passos eram sentimentos).

10. Marie Sallé, famosa bailarina francesa do século XVIII. Agradeço a Erthos A. de Souza o esclarecimento – e a biografia presenteada.

11. Edgar A. Poe, *op. cit.*, p. 216: "*Des idées!* (Ideias!) – era por isso que eu os desejava tão loucamente!"

muito Mona Lisa – *"in a smile of peculiar meaning"*[12] – podia muito bem coroar a obra e o gênio satisfeito do poeta com um sorriso a mais: *Very nice*[13].

A descoberta da chave semiótica de *Berenice*, revelando a estrutura profunda da mensagem, subverte a narrativa, transformando-a definitivamente em *iconescritura* – e a um nível tal que tornaria falaciosas as usuais abordagens semântico-conteudísticas, as ora correntes análises estruturais da narrativa, à la Todorov ou Greimas – possivelmente só aplicáveis com algum proveito a narrativas francamente conduzidas por contiguidade de trama e enredo, de caráter hipotático[14].

Como sucede com a luz solarizada que incide, em certos ângulos, sobre uma superfície, revelando-lhe novos relevos e texturas, assim a nova leitura do conto como que põe em foco enunciados ou significações

---

12. *Idem*, p. 214: "num sorriso de sentido muito especial".
13. "Muito bonito(a)."
14. Em 1968, na Faculdade de Ciências e Letras de Marília (SP), cadeira de Literatura Brasileira, levamos a efeito, meus alunos do 3º ano e eu, um seminário sob o tema geral "A Rarefação do Enredo no Moderno Romance Brasileiro", onde aplicamos a análise estrutural da narrativa segundo Todorov a três obras: *Fogo Morto*, de José Lins do Rego; *Angústia*, de Graciliano Ramos; e *Os Ratos*, de Dionélio Machado. Uma das conclusões a que então chegamos – embora óbvia, na aparência – foi a de que a redução do número de personagens, ou actantes, vai reduzindo a narrativa ao seu eixo paradigmático, o que provoca a rarefação do enredo. A "riqueza" deste aumenta não só com o número de actantes, mas também com a graduação da importância deles, sua hierarquização e com a condição *sine qua non* de uns agirem sobre os outros, em cadeia linear de ações e reações de modo a constituir uma *estória*. Neste caso, prevalece o sintagma e a linearidade; naquele, o paradigma e a simultaneidade. Paradigma, síntese. Sintagma, análise.

antes vagos ou fora de foco, uma vez que a linguagem-
-objeto passou a identificar-se com a metalinguagem e
o narrador com o autor – como uma cortina de teatro
que se abrisse sobre a parte posterior do cenário. Na
descrição inicial da mansão de sua "raça de visioná-
rios", o narrador dá destaque especial à galeria de
pinturas antigas e à biblioteca; o perecimento físico
de Berenice acaba por transformá-la tão só em seus
próprios dentes completos e perfeitos (ou seja, em
letras) – letras espalhadas na página do conto sucinto;
o silêncio de ambos, o sorriso misterioso da heroína e
a monomania *attentive* (atenta) do herói contribuem
para a narrativa "externa" e são indícios da "interna"
– assim como o são a ênfase na tipografia e a repetição
monótona de palavras comuns; a metáfora do asfódelo
caminha no mesmo sentido – querer e não-querer que
o conto venha a ser decifrado: a razão de Egeu, capaz
de resistir aos ataques da violência humana e à fúria de
águas e ventos, só *tremia* ao toque daquela flor; os dígi-
tos-letras da expressão *the teeth*, quase um palíndrome
que desenha uma arcada dentária, são dentes-letras e a
emissão vocal de seus fonemas configura um sorriso – o
sorriso de Berenice, do autor... e do leitor, depois da
decifração; explica-se a amnésia tática do narrador, que
não sabe, mas pressente e teme ter cometido um ato de
horror, tão mais terrível quanto mais vagos e ambíguos
os signos de presságio que buscava decifrar. E ainda: em
"*que toutes ses dents étaient des idées*", o isomorfismo
tipográfico, visual, se dobra de outro, ao nível fônico;
vale dizer, o ícone em questão, sobre ser anagráfico,
é também anafônico: nele predominam as consoantes
linguodentais (*d*, *t*).

Subitamente, o clima da narrativa passa do terrorístico ao humorístico – o conto de terror era afinal um *puzzle* – mas o mesmo humor recupera o horror em outro nível: o terror da descoberta da natureza sígnica do próprio homem.

O que Tertuliano, no conto, dizia a propósito de Deus, Poe diz, metalinguisticamente, a respeito de sua narrativa, ou, melhor, de sua dupla narrativa paralela: "[...] *de Carne Christi*, de Tertuliano, cuja sentença, paradoxal, 'O filho de Deus está morto; é crível o que é absurdo: e sepulto, ressuscitou; é certo o que é impossível' ocupou continuamente o meu tempo, durante semanas de investigação laboriosa e infrutífera".

Quando a narrativa *Berenice I*, anedótica, termina, ressurge a narrativa *Berenice II*, um ser de linguagem. Um conto de horror passa a conto de raciocínio. Doravante, *Berenice* deve ser reclassificado nas antologias poeanas. Na edição preparada por Van Doren Stern, da série "Viking Portable", que estamos seguindo, os contos são classificados em: de fantasia, de terror, de morte, de vingança e crime, de mistério e raciocínio. *Berenice* está enquadrado entre os contos "de morte". Talvez conviesse passá-lo para os contos de "fantasia e raciocínio". À falta de melhor.

O "MAL DE USHER"

A linhagem dos poetas se funda e termina na linguagem – seu *gotha*, seus brasões, seu epitáfio. É por isso que podem reclamar-se de uma nobiliarquia a que nenhuma nobiliarquia pode aspirar – seja ele um pseudocavalheiro do Sul dos Estados Unidos, ou um pequeno-burguês da França, como Mallarmé e Valéry, ou um energético, furioso e angustiado poeta comunista, como Maiakóvski. Daí que, em Poe, muitos personagens vinculam-se a uma nobreza ou quase-nobreza indefinida ou francamente desconhecida.

Augustus Bedloe é um deles, no conto *A Tale of the Ragged Mountains* (*Uma História das Montanhas Fragosas*, na tradução de Oscar Mendes/Milton Amado). Como dissemos, é a estória de um avatar. E do rompimento da sucessão tempórica: Benares em Charlottesville, Virgínia, 1827. Perdido nas "montanhas esfarrapadas", em 1780, Augustus Bedloe assiste a um motim de indianos contra os colonizadores ingleses, insere-se no contexto, morre em combate – e regressa, como que encarnado-desencarnado, a Charlottesville, para contar a sua estória e morrer de novo. Um amigo de seu médico, Mr. Templeton, morrerá justamente naquele combate – chamava-se Oldeb, um oficial britânico. Quando a notícia do passamento de Augustus Bedloe aparece nos jornais, seu nome é grafado como *Bedlo*. O narrador interpela o editor do jornal, que responde tratar-se simplesmente de um erro de imprensa. O narrador conclui: "Bedlo, sem o *e*, que outra coisa é senão Oldeb ao contrário? E esse homem vem me dizer que se trata de um erro tipográfico".

Como se vê, a descoberta da natureza de *código* da linguagem a transforma nas novas escrituras sagradas de um novo arcano: não se trata de mero jogo. O próprio poeta se entretece no destino assim velado e revelado pelo código alfabético iconizado: que é *ragged*, senão *edgar* pelo avesso, com um *e* invertido e um *g* a mais?...

Num de seus contos mais justamente famosos, *The Fall of the House of Usher* (*A Queda da Casa de Usher*) – o título é uma contrametáfora: ao fim, a mansão afunda efetivamente no pântano: "[...] e o charco profundo, a meus pés, fechou-se sinistro e silencioso sobre os fragmentos da CASA DE USHER".

O título apresenta ainda duas particularidades sugestivas: *a*) *fall*, especularmente, produz *llaf* = *laugh* = riso, gargalhada (ver-se-á, como adiante se exemplifica, que Mallarmé trabalhava na mesma pauta, mas por paronomásias embutidas – os signos gráficos compondo um enunciado e os fônicos, *outros*); *b*) USHER, além de ser formado de *us* = nós, *he* = ele, *she* = ela, *her* = dela (a narrativa envolve três personagens), contém quatro letras-fragmentos de HOUSE, rearranjadas. A canção que Roderick Usher entoa, ao som de um instrumento de cordas – *The Haunted Palace* (*O Palácio Assombrado*) – termina justamente com uma gargalhada de espectros:

[...]
Through the pale door,
A hideous throng rush out forever
And laugh – but smile no more[15].

A mansão não apenas se reduplica nas águas estagnadas do charco, mas, como que impregnada de uma "sensiência" ou sensitividade particular, modifica-se fisicamente segundo os sentimentos e o destino de seus ocupantes – o inorgânico traduzindo o orgânico e o sensível, tal como acontece com os textos de Poe em relação a ele próprio – tal como acontece com o quase-signo.

---

15. Edgar A. Poe, *op. cit.*, p. 257: "Através da pálida porta / Passa uma turba hedionda eternamente / E gargalha – mas já não sorri".

Esse palácio, *cosa mentale* – ou muito real, feito de letras e palavras, domínios do Rei Pensamento –, é o mesmo por onde andará, em busca do absoluto, o Elbehnon, do *Igitur*, de Mallarmé – é a mesma prosa, com seu "rastilho de luz em pedrarias", rastilhos fono-gráficos. Por exemplo, o encontro do visitante-narrador com o titular da mansão, Roderick of Usher, é prenunciado pelas expressões *rode* (trilhar, caminhar) e *ushered* (de *usher* = introduzir ou ser introduzido num recinto): "*Noticing these things, I rode over a short causeway to the house. [...] The valet now threw open a door and ushered me into the presence of his master*"[16].

E *usher* traz, por similaridade, *hush* (= calar-se, fazer silêncio). Com efeito, se em *Berenice* o personagem padecia de uma anômala concentração da atenção, aqui *Usher* "sofria de uma mórbida agudez dos sentidos; só podia suportar a comida mais insípida e só usar roupas de uma certa textura; os perfumes de todas as flores o oprimiam; seus olhos sentiam-se torturados mesmo pela luz mais esbatida, e somente alguns sons – de instrumentos de corda – não lhe inspiravam horror".

A irmã, enterrada viva, sai da tumba, louca, para matá-lo, a ele também demente – MADLINE, MADMAN. Eram, de resto, irmãos gêmeos. Elementos comuns também a Berenice estão presentes: o elenco de livros preferidos, estranhos, esotéricos; o sorriso misterioso nos lábios do pseudocadáver de Madeline, anomalias perceptivas, o enterramento prematuro. Mas o "mal

---

16. *Idem*, p. 248: "Observando essas coisas, dirigi-me à casa por uma breve trilha. [...] O criado então abriu uma porta e me conduziu à presença de seu amo".

de Usher", embotamento da percepção pelo extremo requinte, ao mesmo tempo em que prenuncia o homem artificial, o homem sígnico – o *dandy* de Baudelaire e Wilde ("A vida imita a arte" – morte e regeneração de sentimentos, diria Peirce); o Des Esseintes, de Huysmans (*À rebours*); o "homem *blasé*", de Georg Simmel; o "o que em mim sente está pensando", de Fernando Pessoa; o Pompeia, de Araripe Jr., ou o *Homo Gutenbergi*, de McLuhan – encontra também uma formulação pertinente na Teoria da Informação: a extrema diferenciação de funções, num organismo ou numa mensagem – que significa ordem e, portanto, um alto grau informacional – aumenta as possibilidades entrópicas (desordem) através de uma redundância (normas, repetição) crescente que tende a produzir um efeito de desdiferenciação, tal como a célula cancerígena em relação às células altamente diferenciadas do organismo, tendendo para o caos, ou seja, a redundância total. Entre o caos e o acaso, o homem busca instaurar-se reiteradamente, instaurando um princípio de ordem sobrevivencial, com, na e através da linguagem *renovada*.

E é um verdadeiro prazer, porque raro, poder encerrar esta incursão poe-analógica com a observação de um crítico brasileiro, que conseguiu ver aquilo que um T. S. Eliot não conseguiu, décadas mais tarde:

> *Não é pois embalde que se recorre às suas páginas para obter os segredos da composição artística; e nenhum retórico já pôde ensinar como ele de que se monta e remonta uma obra de arte no que ela tem de puramente estrutural*[17].

17. Araripe Jr., *op. cit.*, vol. III, p. 466. Quanto a Eliot, cf. sua conferência de 1949, *From Poe to Valéry*.

"RABISCO SEM INTENÇÃO ALFABÉTICA"

É possível, não certo, que o tipógrafo Machado de Assis tenha criado os tipos de ficção que a crítica tradicional costuma atribuir-lhe – especialmente a sua famosa "galeria de tipos femininos"; mais provável, porém, é que antes se tenha empenhado nos tipos gráficos que compõem a sua escritura – primeiro como tipógrafo e depois como jornalista e escritor. Ou seja, não foi um escritor alienado do *medium* que utilizava – a palavra impressa, mecânica e industrialmente – como a maioria dos escritores automaticamente verbais, que não distinguem um Bodoni de um Garamond, ou sequer um tipo serifado de um tipo sem-serifa. Machado de Assis não apenas utilizou os seus conhecimentos nesse setor: a tipografia impregnou a estrutura mesma de algumas de suas obras mais importantes, entre as quais *Memórias Póstumas de Brás Cubas*, de 1881.

O crítico Barreto Filho, sem deixar de render-lhe o culto emblemático de praxe – e que representa o paradigma da média da crítica machadiana – refere-se a essa obra em termos como "livro esquisito", "arbitrário", "narrado antes do que vivido", "a ação perde muito de importância, em favor do comentário marginal", "abuso de artifícios", "desordem da construção", "excentricidade de alguns temas", "por momentos antipático e de mau gosto", "disforme".

É isso aí, é com isso que se pretende guindar – eu disse, guindar – a literatura brasileira – note-se bem, *brasileira* – a níveis internacionais[18].

---

18. Joaquim Maria Machado de Assis, *Obra Completa*, Rio de Janeiro, José Aguilar, 1971, vol. I, pp. 103 e 106.

Do *Brás Cubas* extrairemos cinco exemplos de fenômenos semióticos – cinco informações que extrapolam do código alfabético enquanto código puramente fonético, saturando-se na tipoideografia.

O interessante, se não estranho, é que muitos poetas, escritores e mesmo linguistas ainda hoje não se deem conta de que o código fonético, falado, e o código alfabético, escrito, constituem dois códigos diversos (defina-se uma vez mais a Semiótica como *estudo das relações entre códigos*, como o indicam as tricotomias de Peirce, relativas à divisão do signo em seus três vértices: a Semiótica é necessariamente intersemiótica e pansemiótica). Que isto ocorra com linguistas e semiólogos, em muitos casos, é fenômeno particularmente notável[19], ainda mais quando se sabe que Ferdinand de Saussure dedicou-lhe praticamente dois capítulos de seu *Cours*, alarmando-se sobremaneira com a invasão do puro mundo fonético-linguístico pelas hostes da escritura, ou, melhor, da palavra escrita: Saussure previu que a questão tendia a agravar-se – com efeito, o equívoco da Linguística passou como que por contaminação para a Semiologia; percebeu a contradição que não podia evitar – a de os estudos linguísticos acabarem por *travestir-se*, como diria, com a forma escrita – e foi mais longe ainda, ao reclamar a necessidade de documentos diretos, *amostras fonográficas* dos fenômenos linguísticos, "tais como se

---

19. Num "Convegno di Semiotica" realizado em Parma (Itália), em outubro de 1971, ousei perguntar a um convencional se não achava que mesmo num conclave do gênero, que reunia linguistas e semiólogos, uma certa confusão não se fazia entre o signo falado e o signo escrito. Olhou-me e não respondeu.

fazem atualmente em Viena e Paris" (*op. cit.*, p. 44) – o que o aproxima da visão vinci-valeriana de método de análise, esse método icônico ou diagramático pelo qual também procurei conduzir este meu trabalho. Com coerência, sentiu também a necessidade de uma ciência mais ampla dos signos – uma *Semiologia*, denominação que, aparentemente sem saber, tomou emprestado à Filologia clássica, como vimos, quando Charles Sanders Peirce já havia estruturado a referida ciência, a que denominou de *Semiótica*, ou a linguagem enquanto Lógica.

Com tudo isso, acabou por incorrer no mesmo erro, ao acreditar que a imagem gráfica se comportava como a imagem fonética, o que demonstra que ainda não via com clareza os delineamentos da Semiologia:

Como constatamos um estado de coisas idêntico nesse outro sistema de signos que é a escritura, nós a tomaremos como termo de comparação para aclarar esta questão toda. Com efeito:

1°) os signos da escritura são arbitrários; nenhuma relação, por exemplo, entre a letra *t* e o som que ela designa;

2°) o valor das letras é puramente negativo e diferencial; é assim que uma pessoa pode escrever *t* com as mais diversas variantes [v. Figura 5]. A única coisa essencial é que esse signo não se confunda, sob sua pluma [*sic*], com aquele de *l*, de *d* etc.;

3°) os valores da escritura não agem senão por sua oposição recíproca no seio de um sistema definido, composto de um número determinado de letras. Este caráter, sem ser idêntico ao segundo, é estreitamente ligado a ele, pois que ambos dependem do primeiro. Dada a arbitrariedade do signo gráfico, sua forma pouco importa, ou, antes, não tem importância senão dentro dos limites impostos pelo sistema;

4°) o meio de reprodução do signo é totalmente indiferente, pois ele não interessa ao sistema (isto decorre do primeiro caráter). Que eu escreva as letras em branco ou em preto, em baixo ou alto-relevo,

t A

FIGURA 5

com uma pluma ou com uma tesoura, isto é sem importância para a sua significação[20].

Mesmo que lhe creditássemos todas as cautelas, no sentido de entender que o seu discurso se refere unicamente aos fatores de pertinência do universo puramente linguístico, sua contradição se mostra insuperável nesse mesmo universo – que exige outro mais amplo, a Semiótica – e o seu discurso se mostra insustentável, não tivesse ele próprio declarado: "Mas a tirania da letra vai ainda mais longe: à força de impor-se à massa, ela influencia a língua e a modifica" (*op. cit.*, p. 53). Seu exemplo da comparação entre o *made* e o *mad* inglês, citado alguns parágrafos antes, ilustra o que ele considera uma "aberração": "É por uma aberração do mesmo gênero que o inglês acrescenta um *e* mudo final para alongar uma vogal [...]. Esse *e*, que interessa, na realidade, somente à sílaba, acaba criando uma outra para o olho" (*op. cit.*, p. 51).

Como acontece com todos os meios de comunicação, só a quantidade gera qualidade. A múltipla e complexa rede das relações sociais e humanas só parece alterar-se sensivelmente quando os meios ou veículos se apresentam em quantidade expressiva. É um fenômeno que pode ser facilmente observado, pois que ele está ocorrendo às nossas vistas: vejam-se as transformações que se operam nas cidades pela explosão automobilística; observem-se as mudanças de comportamento social à penetração da imagem televisionada numa certa região, a partir do momento em que o número de receptores atinge um certo limiar

---

20. Ferdinand de Saussure, *Cours de linguistique générale*, Paris, Payot, 1965, pp. 165-166.

(que pode ser fixado em torno dos 20% das unidades habitacionais). Nos fins do século XIX e começos do XX, a palavra escrita impressa havia atingido o ponto máximo de sua curva ascendente, enquanto meio hegemônico de comunicação de massa, e algumas de suas manifestações (como o cartaz publicitário e o *Un coup de dés*) já eram índices de que ela estava inaugurando um novo mundo de codificação – o moderno mundo da ideografia ocidental.

Com razão, pois, alarmava-se Saussure ante a intrusão da escrita em seu mundo puramente linguístico, que ele procurava preservar – mundo esse em que as relações se processavam tão só pela intervenção direta dos falantes (o veículo *homem*) no momento mesmo em que estava começando a desaparecer, a transformar-se, propriamente, de linguístico em semiótico.

Mas não apenas a palavra escrita estava contribuindo para isso; o próprio falante *homem* já se estava multiplicando em muitos meios delegados, vicários, ao *nível sonoro*. Em 1877, pela primeira vez, o homem registrou diretamente a fala, com o fonógrafo de Edison – e o microfone de Hughes. No ano anterior, Graham Bell havia descoberto o telefone. A primeira transmissão por radiocomunicação, efetuada por Marconi, é de 1896; dois anos depois, o dinamarquês Paulsen efetuava o primeiro registro magnético de sons. A primeira exibição pública do *cinématographe*, dos irmãos Lumière, deu-se em Paris, em 1895 – e em pouco mais de três décadas, tínhamos os *talkies*, com *O Cantor de Jazz*, de 1927. E a televisão já estava em fase experimental em vários laboratórios da Inglaterra, da França e dos Estados Unidos, nos anos 1930.

Quando Saussure morreu (1913), os discos já estavam começando a ser comercializados, os chamados receptores de "galena" já eram uma curiosidade pública e Bernard Shaw já havia escrito e encenado *Pigmalião* (1912) – retomada de um dos mitos mais profundos da linguagem e amostragem, num caso particular, daquilo que ocorreria com a massa: em poucas décadas, as línguas (para não falar das linguagens) sofrem modificações que antes eram fruto de séculos[21].

A crítica machadiana tradicional, acantonada em seus desvãos psicologizantes e filosofantes, viu-lhe os "tipos", mas não a tipografia, e passou por cima, ou relevou (!) suas paronomásias, vulgarmente conhecidas por *trocadilhos*, por considerá-las indignas de um estilo escorreito.

Temos aqui um fenômeno informacional de linguagem guindado a elemento de um aferímetro estético. Em termos da Teoria da Informação, a palavra escrita constitui um meio ou canal menos *ruidoso* – menos sujeito a interferências entrópicas do ruído – do que a palavra falada; daí que esta implique maior carga de redundância do que aquela, a fim de superar a barreira do ruído e assegurar a efetiva transmissão da mensagem – não se

---

21. Em 1968, quando de sua visita ao Brasil, a linguista e ensaísta literária Krystyna Pomorska, em companhia de Lila Maxemiuc Pignatari, esposa do autor, manteve contatos com famílias oriundas da Bucovina (região que na época cobria parte do norte da Romênia e do sul da Ucrânia, URSS), no município de Carapicuíba (SP) – e observou, encantada, que os seus componentes ainda falavam uma variante do ucraniano (rutênio), tal como ainda existia na Ucrânia dos anos 1920 e que, desde então, vem sofrendo sensíveis modificações, por força, principalmente, dos meios de comunicação de massa.

podendo inferir do fenômeno, necessariamente, nenhum adjutório aferidor do valor ou desvalor do desempenho estético. Esse tipo de abordagem sem consciência de linguagem, de resto, vai a contrapelo do próprio método estrutural de composição de Machado de Assis, particularmente em *Brás Cubas* – método que, sendo indispensável, queria-o ele "sem gravata nem suspensórios" e que era o método analógico levado à linguagem:

> Parece que a miséria lhe calejara a *alma*, a ponto de lhe tirar a sensação de *lama* [os grifos são meus][22].

> Tínhamos falado na prata, a velha prataria do tempo de D. José I, a porção mais grave da herança, já pelo *lavor*, já pela vetustez, já pela origem da propriedade[23].

Aqui, o segundo termo da paronomásia é lido *in absentia*, hipostasiado que está no termo *in praesentia*, por sugestão de similaridade: *lavor/valor* – todo um ideograma para a arte e o mercado de arte.

> Agarrei-me à esperança da recusa, se o decreto viesse outra vez datado de 13; trouxe, porém, a data de 31[24].

Paronomásia puramente visual, ideogrâmica, pois não possui correspondente fonético: *treze/trinta e um*.

> Meu pai era homem de imaginação; escapou à tanoaria nas asas de um *calembour*. [...] entroncou-se na família daquele meu famoso homônimo, o capitão-mor Brás Cubas [...] e por esse motivo é que me deu o nome de Brás[25].

22. Joaquim Maria Machado de Assis, *Memórias Póstumas de Brás Cubas*, em *op. cit.*, p. 573.
23. *Idem*, p. 563.
24. *Idem*, p. 611.
25. *Idem*, pp. 515–516.

Não à toa, Machado era um admirador de Edgar Poe...

Mas vamos aos exemplos francamente icônicos, no sentido de não-verbais:

I – É por um tal processo de analogia casual que a heroína Virgília é introduzida na narrativa, ao fim do capítulo XXVI e ao cabo de um caligrama ou poema pré--concreto em duas partes (v. Figura 6), onde uma dupla leitura, em latim e em português, se torna inevitável, ambiguidade expedindo faíscas conotativas de caráter fálico, que encontram correspondência também nas configurações ideográficas, especialmente a que compõe a segunda parte e que anuncia a "vinda de Virgília" (na narrativa): "vir/Virgílio/Virgília". Comparo o falo priápico deste ideograma com outros de igual natureza em *Un coup de dés*, nas pranchas finais. Faz-se aqui necessário um cotejo com as edições originais (em jornal e em livro), para a configuração mais exata, pressupondo que nelas Machado tenha posto empenho – mas não pudemos ainda realizar esse cotejo. A erupção do ideograma na página é uma forma de mensagem cifrada machadiana, tendo em vista o vitorianismo – e o seu próprio pudor – da época e do ambiente. Tinha razão Mallarmé quando afirmava que os seus contemporâneos não sabiam ler. Nem ver.

II – O famoso capítulo LV, "O Velho Diálogo de Adão e Eva", é justamente novo enquanto forma tipoideográfica aberta que se preenche pela redundância de uma situação-modelo quase-mítica na relação amoroso--sexual entre homem e mulher. O diálogo se compõe de sinais não-alfabéticos: o pontilhado, a interrogação e a exclamação. Estatisticamente, quase ao modo de uma decifração à Poe, o ideograma pode ser "traduzido" para o código fonético-digital: reticências e esquivas sedutoras da parte de Virgília; insistências, súplicas, protestos da parte de Brás Cubas; o diálogo, de distribuição desigual em relação aos interlocutores, iguala-se, casa-se simetricamente no final: assentamento, acordo, união, mútuo transporte enfático. Trata-se de uma aguda e sutil peça de humor que se realiza e atualiza com a introdução do repertório verbal do leitor no modelo quase-verbal do autor.

III – O defunto autor de um livro de exemplar único, embora escreva à mão, fá-lo tendo em vista a composição tipográfica, mesmo quando se trata de uma inscrição tumular, que imita no espacejamento e na disposição tipográfica. Sempre a vivificação sígnica do real na página, sempre os signos se aproximando de seus objetos. Como neste caso, em que temos texto e extratexto: o ícone da lápide inscrita no papel. É um *raccourci*, uma abreviatura narrativa que lhe aumenta, à narrativa, o grau de surpresa. Comunica-se que a personagem não apenas está morta, mas já enterrada – e com todas as formalidades do decoro requeridas nas circunstâncias (v. Figura 7).

IV – O capítulo CXXXV, "*Oblivion*", é uma amostragem e análise de caracteres... tipográficos. Logo no primeiro parágrafo, na citação traduzida de "um inglês", a nativa expressão ESQUECIMENTO vai em caixa-alta (maiúscula) – corrente do livro – mas a expressão inglesa merece um tratamento especial: "Vai em versaletes esse nome OBLIVION! [v. Figura 8]. Justo é que se deem todas as *honras* a um personagem tão desprezado e tão digno, conviva da última *hora*, mas certo" (os grifos são meus). Como se observa na figura ilustrada, o versalete, hoje em desuso, é uma dupla caixa-alta; o seu significado –

                                                      arma virumque cano

A
Arma virumque cano
                arma virumque cano
            arma virumque
                                    arma virumque cano
                    virumque

Maquinalmente tudo isto; e, não obstante, havia certa lógica, certa dedução; por exemplo, foi o virumque que me fez chegar ao nome do próprio poeta, por causa da primeira sílaba; ia a escrever virumque — e sai-me Virgílio, então continuei:

                                                               Virgílio
Vir
            Virgílio   Virgílio

                        Virgílio   Virgílio

Meu pai, um pouco despeitado com aquela indiferença, ergueu-se, veio a mim, lançou os olhos ao papel...

— Virgílio! exclamou. És tu, meu rapaz; a tua noiva chama-se justamente Virgília.

                    arma virumque cano

A
Arma virumque cano
            arma virumque cano
        arma virumque
                    arma virumque cano
                virumque

Maquinalmente tudo isto; e, não obstante, havia certa lógica, certa dedução; por exemplo, foi o *virumque* que me fez chegar ao nome do próprio poeta, por causa da primeira sílaba; ia a escrever *virumque*, – e sai-me *Virgílio*, então continuei:

Vir   Virgílio
            Virgílio   Virgílio
                        Virgílio
                                    Virgílio

Meu pai, um pouco despeitado com aquela indiferença, ergueu-se, veio a mim, lançou os olhos ao papel...
– Virgílio! exclamou. És tu, meu rapaz; a tua noiva chama-se justamente Virgília.

FIGURA 6

EPITÁFIO

———

AQUI JAZ

D. EULÁLIA DAMASCENA DE BRITO

MORTA

AOS DEZENOVE ANOS DE IDADE

ORAI POR ELA!

———

AQUI JAZ
D. EULÁLIA DAMASCENA DE BRITO
MORTA
AOS DEZENOVE ANOS DE IDADE
ORAI POR ELA!

Figura 7

conferir *status* – no jornalismo da época particularmente, é fornecido pelo autor-personagem, que aqui, como em outras passagens, comporta-se como redator e secretário de jornal, marcando os tipos para a composição. A configuração tipográfica, pois, caracteriza uma informação que se perderia fosse o termo expresso em tipo corrente – e contrariamente ao que pensava Saussure.

V – A assinatura de Virgília, no capítulo CXLII: "Não era a letra fina e correta de Virgília, mas grossa e desigual; o V da assinatura não passava de um rabisco sem intenção alfabética" (v. Figura 9).

Ao "grande lascivo" sutil, Brás Cubas/*Machado* – este pretamente ciumento Otelo brasileiro, que finalmente acabaria por matar, em *Dom Casmurro*, Cássio e Capitu/Desdêmona, ao mesmo tempo consciente e reprimido, não escapariam as sugestões, nesse V, de púbis, decote e colo femininos[26].

Nisto, mas adelgaçando as linhas com finura e pudor, foi digno de um de seus mestres, Lawrence Sterne, cujo *Tristram Shandy* veio à luz num período (1759–1767) em que já se manifestavam os prenúncios da Primeira Revolução Industrial. Mas a principal lição que aprendeu, com Poe e Sterne, foi de natureza metalinguística: a todo mo-

---

26. Robert Greer-Cohn, *Un coup de dés de Stéphane Mallarmé*, Paris, Les Lettres, 1951, p. 109, observa sobre o *v* em Mallarmé: "feminino, etc.: virgem, Vênus, Eva, volúpia, vulva, bivalve, viúva, vale, vagina, baixo-ventre". Na Figura 9, reproduzimos a versão da edição popular Selo de Ouro que é a mesma da Aguilar, que estamos seguindo, mas onde o V aparece com o vértice truncado. Na Figura anterior, que é a 8, apresentamos o cotejo dessas edições, no que toca ao problema, "ESQUECIMENTO/*Oblivion*". Pelo texto, a versão da edição popular é a que nos parece correta.

um inglês dizia, entenderei que "cousa é não achar já quem se lembre de meus pais, e de que modo me há de encarar o próprio ESQUECIMENTO".

Vai em versaletes êsse nome. OBLIVION! Justo é que se dêem tôdas as honras a um personagem tão desprezado e tão digno, conviva da última hora, mas certo. Sabe-o a dama que luziu na aurora do atual o que um inglês dizia, entenderei que "coisa é não achar já quem se lembre de meus pais, e de que modo me há de encarar o próprio ESQUECIMENTO".

Vai em versaletes êsse nome. OBLIVION! Justo é que se deem tôdas as honras a um personagem tão desprezado e tão digno, conviva da última hora, mas certo

FIGURA 8

Não era a letra fina e correta de Virgília, mas grossa e desigual; o V da assinatura não passava de um rabisco sem intenção alfabética; de maneira que, se a carta aparecesse, era mui difícil atribuir-lhe a autoria. Virei e re-

Figura 9

mento, leitor, autor e narrador são apartados da alienação narrativa por acidentes gráficos e tipográficos, que os despertam para o fato de que estão lendo um livro, um livro e nada mais – *words, words, words*. Saturar um código significa romper a regra do jogo, o que implica ao mesmo tempo uma operação intersemiótica e metalinguística.

Em *Tristram Shandy*, não só narrador-autor e personagens constantemente debatem o prosseguimento da narrativa – que, a rigor, não prossegue nunca, pois é toda feita de digressões – como, no capítulo 40, do Livro VI, o autor apresenta diagrama da estrutura narrativa (até aquele ponto) que eventualmente deveria constituir o romance. Chega a analisar uma delas e se propõe emendá-la até que atinja a excelência de uma linha reta – ou pelo menos tão reta quanto possível – e que ele traça a régua (emprestada).

Os diagramas, no contexto, se constituem em verdadeiras charges humorísticas e metalinguísticas da chamada linha de ação narrativa – e são, não apenas *ainda*, mas particularmente válidas em relação a muita análise estrutural da narrativa ora em voga (v. Figura 10).

Ponte entre Rabelais e Joyce (passando por Machado de Assis), *Tristram Shandy* é a primeira antinarrativa do mundo moderno – e não por coincidência faz parte da linhagem dos que saturam o código com "rabiscos sem intenção alfabética".

ULTIMATUM

"ATENÇÃO! Proclamo em primeiro lugar, A Lei de Malthus da Sensibilidade: Os estímulos da sensibilidade

make no doubt but I shall be able to go on with my uncle
Toby's story and my own in a tolerable straight line. Now,

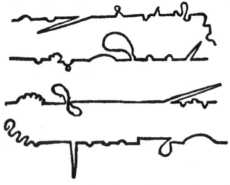

These were the four lines I moved in through my first,
second, third, and fourth volumes.—In the fifth volume I
have been very good,—the precise line I have described in it
being this:

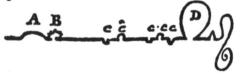

By which it appears, that except at the curve, marked A,
where I took a trip to Navarre,—and the indented curve B,
which is the short airing when I was there with the Lady
Baussiere and her page,—I have not taken the least frisk of
a digression, till John de la Casse's devils led me the round
you see marked D.—for as for *c c c c c* they are nothing but
parentheses, and the common ins and outs incident to the lives
of the greatest ministers of state; and when compared with
what men have done,—or with my own transgressions at
the letters A B D—they vanish into nothing.

In this last volume I have done better still—for from
the end of Le Fever's episode, to the beginning of my uncle
Toby's campaigns,—I have scarce stepped a yard out of my
way.

If I mend at this rate, it is not impossible—by the good
leave of his grace of Benevento's devils—but I may arrive
hereafter at the excellency of going on even thus:

---

which is a line drawn as straight as I could draw it, by a
writing-master's ruler (borrowed for that purpose), turn-
ing neither to the right hand nor to the left.

FIGURA 10

aumentam em progressão geométrica; a própria sensibilidade apenas em progressão aritmética" – Fernando Pessoa, *Ultimatum*, 1917 (v. Figura 11).

Aí está um legissigno transposto para um qualissigno – problema fundamental da posição-oposição Arte/Vida – do *Retrato Oval* ao androide.

Nesta era – isto é, nos séculos XIX e XX – em que a multidão dos códigos exige, mais do que nunca, uma síntese. Para isto, Peirce criou a Semiótica. Que os artistas realizam em suas obras.

Como *post-scriptum* ao *ultimatum* de Fernando Pessoa, Paul Valéry: "*[...] la sensibilité chez les modernes est en voie d'affaiblissement*"[27].

O POEMA ENVENENADO

No interstício aberto pelo deslocamento da palavra escrita em relação à falada, Mallarmé lançou os dados do poema em que pretendeu dizer, simplesmente, tudo. Eu mesmo, alhures[28], disse que "um poema é um tudo" – e *Un coup de dés* inclui também o poema nesse tudo, a começar dele próprio, naturalmente – sendo, como é, o poema dos poemas, quase-signo, no momento em que descobre o ser secreto – o *secrêtre* – da linguagem, na saturação do código, na passagem de um código a outro e a outros. Herdou de seu grão-mestre de iniciação, Edgar A. Poe, os segredos mágicos e os refinou a ponto de superá-los – chegando ao "*rien ou presque un*

---

27. "[...] a sensibilidade, entre os modernos, está em vias de esmorecimento".
28. Décio Pignatari, *Contracomunicação*, São Paulo, Ateliê Editorial, 2004, p. 14.

ATTENÇÃO!

Proclamo em primeiro logar,

A Lei de Malthus da Sensibilidade

Os estimulos da sensibilidade augmentam em progressão geometrica; a propria sensibilidade apenas em progressão arithmetica.

Figura 11

Art", que é o seu poema máximo, a *Divina Comédia* da era industrial.

É um poema usheriano, e o poeta tinha plena consciência disso: "É uma dessas obras que poderiam surgir no início de uma literatura, se tudo não terminasse, ao contrário, pelos começos"[29]. Como nota Robert Greer-Cohn, o norte-americano que descobriu a chave-mestra do poema[30], já em *Crise de vers*, que escreveu sem dúvida quando estava esboçando a *mise en page* do poema, Mallarmé anunciava o advento de uma forma nova e superior, que superaria o verso tradicional – medido ou livre.

Polissemia é uma noção débil para explicar o processo de multissignificação de um poema onde cada letra é um ícone intersemiótico que explode como a romã em grânulos de significados – ou seja, em inumeráveis significantes. Antes, diríamos *totossemia*.

Não vamos aqui analisar o poema, mas apenas, seguindo a estrada real aberta por Greer-Cohn, indicar e desvendar um que outro aspecto que ilustre nossa proposição central, incluindo aqueles que pretendo ter descoberto graças a Greer-Cohn e que incluí num algo assim como que metapoema de homenagem ao poema[31]. As páginas indicadas referem-se de 1 a 11, sendo dez duplas e uma simples – que é a primeira. A edição é a *plaquette* Gallimard, de 1952. As massas tipográficas que compõem o poema atravessam-no em ondas, cuja crista é o canto superior esquerdo e a base ou ponto

---

29. Robert Greer-Cohn, *op. cit.*, p. 332.
30. *Idem*, pp. 332–333.
31. Décio Pignatari, *Exercício Findo*, São Paulo, Invenção, 1968 (esgotado).

de queda cíclico o canto inferior direito, chegando a duplicar-se ou bifurcar-se à página 9. É um movimento de ondas do mar, de barco, de corpo no ato do coito, de contrações de parto, de contrações digestivo-intestinais, de dados sendo sucessivamente lançados do copo, de ejaculações espermáticas sucessivas – e massa sonora da partitura verbovocovisual que é o poema. Cada onda é, em si mesma, um caligrama polissêmico: barco, chapéu com pluma, touca de dormir, tinteiro e pena, vaso sanitário, pênis priápico; antes de mais nada, porém, é a configuração da constelação da Ursa Maior.

Como presença e ausência, sobre e sob a página, o tema principal – UN COUP DE DÉS JAMAIS N'ABOLIRA LE HASARD – atravessa a sucessão de ondas. Atravessa-a, também, um "riso sagrado", lição do mestre Poe.

A etimologia das palavras mallarmaicas não vem apenas do Littré, mas deriva também de raízes analógicas puramente tipográfico-visuais e das contradições e ambiguidades entre palavra falada e palavra escrita.

Página 1   UN COUP DE DÉS
O gesto do *fiat...* feito com o polegar. Greer-Cohn lembra que *dedo* e *dado* vêm de *digitum*. Veja-se aí, em quase-palíndrome, COUP/POUC(E). Também POUSSE (empurra). O *Nouveau Petit Larousse* registra, por exemplo: *Donner un coup de pouce* = favorecer o sucesso; *Pouce!* = interjeição para fazer parar um jogo. COUP é fragmento metonímico, "cortado", de COUPER, COUPURE, que alude ao caráter fragmentário do poema.

Página 2   JAMAIS = J'AIMAIS
MÊME= M'AIME
ÉTERNELLES = ÊTRE EN ELLES

Página 3   *penché de l'un ou l'autre bord*
(pendido de um ou outro bordo)
Na palavra *bord*, os sinais *b* e *d* em oposição = *b – o – r – d* = *b* ou *d*.
Na abertura do verso, o mesmo sinal com a haste para baixo: *p*.

Página 4   *écarté du secret qu'il détient*
(apartado do segredo que ele detém)
O "segredo" está no *e* (veremos adiante a importância desse signo no poema).
Em *écarté*, os *éé* estão apartados, estão nos limites externos da palavra.
Em *secret*, os *ee* estão encerrados na palavra.
Em *détient*, os *éé* também estão encerrados na palavra.

Página 5   *le vieillard vers cette conjonction suprême = le vieil art vers sept, conjonction suprême*
Sete sendo o número de estrelas que configuram a constelação da Ursa Maior; sete sendo o maior valor no jogo de dados.

Página 6   *Une insinuation*
= *une si nue action*
Em Mallarmé, a expressão *native nue*, no soneto *Quelle soie aux baumes de temps*, indica o contrário de *inative nue* (nua ou nuvem inativa).

Página 7   *plume solitaire éperdue*
taire = calar

éperdue = o sinal *e*, ou a letra *e* perdida. Um novo fracasso, uma nova manifestação da "impotência" em relação às tentativas sucessivas de fecundação da página sempre virgem. Aqui, o macrocaligrama principal é de tinteiro-e-pena. V. adiante sobre o "e".

Página 8 *La lucide et seigneuriale aigrette de vertige*
vertige = *ver(te) tige* (caule verde)
Temos aqui o macrocaligrama da pluma (*aigrette*) de Hamlet e/ou uma mulher.

Página 9 (SI) C'ETAIT LE NOMBRE CE SERAIT LE HASARD
= SI SEPT EST LE NOMBRE CESSERAIT LE HASARD

Página 10 *inférieur*
= *un fait rieur* (um fato ridente, zombeteiro)
Aqui se destaca o macrocaligrama da latrina.

Página 11 *Toute pensée émet un coup de dés* = todo pensamento ejacula em lance de "ês" (ee)...

As sucessivas ondas sobre a página são sucessivas tentativas constelacionais na Via Láctea, sucessivas ejaculações espermáticas na página vaginal e uterina – e o *e* é o espermatozoide, ícone da fecundação (especialmente o *e* grifado) que comparece no poema numa frequência estatística particularmente alta e que entra na composição de outros ícones sugestivos: *éve* (em *évènement*), *élé* (em *élévation*), o *v* e o *l* como traços distintivos dos hipoicones indicativos de *mulher* e *homem*, respectivamente.

Em nota de pé de página[32], Greer-Cohn registra que "Mallarmé confiou a George Moore o projeto de uma

---

32. Robert Greer-Cohn, *op. cit.*, p. 418.

'epopeia' cujo herói seria um espermatozoide", o que comprova o acerto de nossa interpretação. Essa epopeia foi realizada e se chama *Un coup de dés* (v. Figuras 12A e 12B).

Num de seus raros momentos de cólera, ante os insultos dos ignorantes, Mallarmé explodiu: "Toda essa gente me há de pagar, pois os meus poemas futuros serão para eles frascos envenenados, gotas terríveis"[33]. O *Lance de Dados* sintetizou tudo: os "poemas futuros" e os "venenos".

33. *Idem*, p. 323.

COMME SI

        Une insinuation

                au silence

        dans quelque proche

                voltige

simple

enroulée avec ironie
     ou
      le mystère
         précipité
            hurlé

tourbillon d'hilarité et d'horreur

autour du gouffre
      sans le joncher
         ni fuir

    et en berce le vierge indice

       COMME SI

Figura 12-A

COMME SI

                    e

                            e *e*

               e *e*   *e*

                            e

Semiótica & Literatura 163

e

e   te   e   e

e   è e
t   t
t

t e   e

e
e   e

e e   e e e   e e   e

COMME SI

FIGURA 12-B

6. A Ilusão da Contiguidade*

> *Primeiro, surge a força de uma ideia; depois, se possível, sua precisão. E somente então, se se quiser, a precisão dos trâmites acadêmicos.*
>
> – Um Velho Tio

Quando começo com a advertência, usual entre tantos semioticistas atualmente, de que estou empregando o termo linguagem no seu sentido mais amplo, isso parece indicar que o imperialismo verbal está começando a se desagregar, finalmente...

Foi David Hume, como é bem conhecido, o primeiro a fazer a distinção das duas formas básicas de associação: associação por contiguidade e associação por similaridade ou semelhança. Charles Sanders Peirce as define (7.391 e

---

* Tradução de Elizabeth Carvalho Saporiti. O original, em inglês, foi conferência pronunciada em 23.2.1976, na Universidade de Indiana (EUA), a convite do Research Center for Languages and Semiotic Studies, dirigido por Thomas Sebeok.

7.392) e lança alguns dardos contra certos psicólogos de seu tempo que afirmavam ser contrária à ciência a existência de duas formas de associação. Para eles, a associação por similaridade seria apenas uma classe do princípio único de associação – por contiguidade.

Mas por que a associação por contiguidade haveria de ser dotada de um tal privilégio? A razão reside numa certa ilusão lógica – a ilusão da contiguidade – que podemos também observar em muitos linguistas e semiologistas contemporâneos. Esta ilusão, ao que tudo indica, nasceu diretamente dos sistemas linguísticos do Ocidente e adquiriu direito de cidade no seu sistema de escrita, isto é, no código alfabético (nesse contexto, o fato de a unidade "letra" ter sido isolada antes da unidade "fonema" não pode ser esquecido).

Esses sistemas favoreceram as associações por contiguidade. O que costumamos chamar de lógica clássica – aristotélica e linear – é a lógica corporificada no idioma grego: é uma lógica por contiguidade.

O código alfabético – a mais poderosa máquina lógica – é uma fonte discreta, altamente abstrata, de sinais, com características digitais e metonímicas. As palavras são formadas por permutações combinatórias, isto é, sintagmaticamente, e ligam-se umas às outras conforme o princípio da predicação (especialmente quando o verbo *ser* é empregado: "tal coisa é tal coisa"), o padrão lógico por excelência.

As unidades predicativas, por sua vez, são articuladas por elementos de ligação, as conjunções. Conjunções de primeira classe, quando esteja implícita uma hierarquia (hipotaxe), e conjunções de segunda classe, sempre que se envolva uma não-hierarquia (parataxe).

Da predicação às sentenças ou proposições e destas aos conceitos ou aos Argumentos de Peirce, temos a cadeia completa que, afinal, resultou na ciência e na tecnologia ocidentais (pelo menos, se dermos crédito às histórias verbalizadas da ciência e da tecnologia). Assim, quando falamos "lógica" ou "ciência", inferências por contiguidade estão sempre implícitas. Mas será que não existe a possibilidade de uma outra espécie de lógica – uma lógica por similaridade?

A mente ocidental tende para a contiguidade, porque mente ocidental é linguagem ocidental (código verbal) e a linguagem ocidental é baseada na contiguidade.

Se dermos uma olhada na semiologia europeia atual, o que vemos não difere muito do estado de coisas descrito por Peirce. O que vemos é uma "semântica" apelidada de "Semiologia", o que vemos ainda é Roland Barthes afirmando que a Semiologia é um ramo da Linguística, e não o contrário.

O chamado "Logocentrismo" seria uma outra denominação para a associação por contiguidade. Quando a palavra é tomada como código central, somos levados a crer que todos os signos só adquirem "sentido" quando traduzidos em "palavrês", em código verbal. A mente racional, consequentemente, é aquela que opera por contiguidade. Quando tratam de analogia, as mentes chamadas "científicas" tornam-se muito cautelosas: a analogia é um caminho perigoso para ser seguido, é quase... não-científico.

Nas palavras de Peirce:

> A experiência por contiguidade, ou conexão "experiencial", sem controle, é o mais elementar de todos os raciocínios. Os animais inferio-

res raciocinam assim. Um cão, ao ouvir a voz do dono, corre esperando vê-lo e, se não o encontra, manifesta surpresa, ou, de alguma forma, perplexidade. Já a experiência por semelhança implica maior grau de autoconsciência do que qualquer outro processo mais rudimentar. Ela envolve algo assim como uma constante atenção para com qualidades, enquanto tais: e isto deve assentar-se, pelo menos, numa capacidade de linguagem – se não na própria linguagem. O homem primitivo é muito hábil nesse tipo de raciocínio (7.380).

Duvido bastante que a Mente Instintiva pudesse ter-se transformado em Mente Racional. Estou mais inclinado a acreditar no processo inverso: a Mente Racional é que seria a Mente Progressiva, e como tal, pela sua própria capacidade de desenvolvimento, parece mais infantil que a Mente Instintiva (7.380).

Primeiridade, secundidade, terceiridade. Do signo para o objeto e para o Interpretante; do ícone para o índice e para o símbolo. Primeiridade, isto é: forma, qualidade de uma sensação (sensação = "elemento imediato de uma experiência generalizada ao máximo") (7.364). A similaridade vem primeiro:

> Neste caos de sensações, *bits* de semelhança surgiram e foram tragados em seguida. Reapareceram então, como que por acaso. Depois, uma débil tendência para a generalização acendendo-se e extinguindo-se aqui e ali. Reaparecendo e tornando-se progressivamente mais forte. Semelhança começando a produzir semelhança. Então, mesmo pares de sensações diferentes começaram a ter similares e isso começa a generalizar-se. Desse modo, relações por contiguidade, isto é, conexões outras que não por similaridade, começaram a brotar. Tudo isso se passou por meios e modos que não posso agora detalhar: sentimentos tornaram-se de tal forma unidos que uma passável aproximação a um tempo real se estabeleceu (8.318 – "Letter to Christine Ladd-Franklin, On Cosmology").

Associações por contiguidade, no código verbal, podem ser resumidas; resumir uma tese significa reter sua essência; resumir um poema significa perder sua essência[1]. Uma forma não pode ser resumida. Mas, e quanto a um romance, ou um conto? Não é apenas por mero acaso que em muitos idiomas ocidentais o termo *argumento* serve igualmente, tanto na lógica como na ficção, para indicar a linha narrativa, o enredo, o sumário da estória. As principais descobertas de Propp não dizem respeito somente às funções narrativas, mas também ao fato de que a narrativa é construída segundo padrões de predicação, associações por contiguidade, ligadas a associações de causa e efeito. Os contos de encantamento e as narrativas em geral apresentam a mesma estrutura da predicação, da sentença, da frase[2].

Em 1968, ministrei um seminário na Faculdade de Filosofia, Ciências e Letras de Marília (SP), destinado à análise do fenômeno de "rarefação do enredo" na moderna prosa de ficção. As duas conclusões mais importantes foram as seguintes:

1. a narrativa depende do número e da hierarquização dos caracteres (estrutura hipotática); implica um desenvolvimento linear discursivo;

2. a redução do número dos caracteres causa, ao mesmo tempo, um "empobrecimento" da narrativa (rarefação do enredo) e a simultaneidade de ações (*Ulysses*, de Joyce, o tão comentado *novo-romance francês*, e

---

1. Paul Valéry, *Léonard et les Philosophes*, Oeuvres I, Paris, Gallimard, 1959.
2. V. Propp, *Morfologia della fiaba,* trad. de Gian Luigi Bravo, Torino, Einaudi, 1966.

L'année dernière à Marienbad, de Alain Resnais, podem ser aqui lembrados como exemplos e ilustrações).

Essa é a razão pela qual os semiologistas franceses evitam a análise da prosa moderna. Suas análises narrativas restringem-se a análises de enredo, isto é, a compreensão do enredo como "argumento" lógico. Uma vez mais, eles se tornam vítimas da ilusão da contiguidade, que no mundo ocidental é levada a um tal grau de exagero que chega a confundir contiguidade com similaridade. O mais surpreendente exemplo disso pode ser encontrado nos chamados dicionários "analógicos", onde vemos termos e expressões agrupados por temas (ideias relacionadas por contiguidade). É interessante observar que o princípio de organização responsável pela elaboração desses dicionários é o mesmo responsável pela elaboração das metáforas. Já as palavras de um dicionário comum, ou, melhor ainda, de um dicionário de rimas, são realmente analógicas: organizadas segundo uma analogia formal, isto é, segundo uma similaridade de formas, tal como acontece na estruturação de um ideograma. Sua estrutura é paramórfica – a mesma estrutura que subjaz na organização poética.

En passant: é digno de nota, penso eu, o fato de que o código verbal escrito apresenta padrões de semelhanças próprios, muitas vezes completamente desvinculados dos sons que pretende representar (por exemplo, bdqp ou BDQP); percebemos aqui uma linguagem quase autônoma, com problemas semióticos particulares na poesia moderna e na comunicação (iconização do código verbal escrito). Em *Un coup de dés*, de Mallarmé, todos os *ee*, impressos num tipo especial de letra, representam espermatozoides; no conto *Berenice*, de Poe, as 32 letras da sentença *"que toutes ses dents étaient des idées"* significam os 32 dentes – como mostrei em minha tese de doutoramento, posteriormente publicada em forma de livro[3]. Uma letra de 5 metros de altura deixa de ser apenas uma letra.

A prosa é, por assim dizer, o reino natural da contiguidade; a prosa de ficção, uma espécie de contradição não-antagônica – e a poesia, contradição antagônica. Quando os semiologistas tentam analisar o que costumam chamar de "sintagma narrativo", dúvidas fundamentais surgem na mente dos semioticistas... e dos poeticistas, pois o sintagma narrativo não parece sequer um sintagma, mas, sim, um paradigma, um ícone – ou, pelo menos, um sintagma paradigmático. Analisam o enredo como se fosse um conceito – mas a verdade é que estamos diante de um modelo. Um modelo é um conceito não-verbal, ou seja: o equivalente a um conceito (contiguidade) é um modelo (similaridade). A prosa de ficção, ou uma biografia, é um modelo, um ícone. De quê? Da vida. Da vida dos leitores. A vida de cada um é vista e sentida como um ícone imediato, um modelo imediato (o *phaneron* de Peirce, ou "a qualidade de um sentimento"). Esta é a razão por que um romance, para não dizer uma peça ou um filme, pode prender nossa atenção até mesmo quando não apresente quaisquer qualidades especiais de estilo. Ler um romance é comparar modelos, trocar modelos, não comparar ou trocar "ideias" ou conceitos.

Foi Paul Valéry, parece-me, quem pela primeira vez chamou a atenção para a necessidade de uma ANALÓ-

---

3. Décio Pignatari, *Semiótica & Literatura*, São Paulo, Ateliê Editorial, 2004, p. 124.

GICA – não apenas uma analogia. Para ele, Da Vinci foi um filósofo não-verbal:

> Assim que nosso pensamento tende a aprofundar-se, isto é, a aproximar-se de seu objeto, buscando operar sobre as próprias coisas (à medida que seu ato se faz coisas) e não mais sobre signos *quaisquer* que excitam as ideias superficiais das coisas; assim que vivemos esse pensamento, sentimos seu distanciamento de toda linguagem convencional. [...] *pensar profundamente é pensar o mais longe possível do automatismo verbal*[4].

Os sistemas filosóficos não são mais do que sistemas escritos ou sistemas escriturais, mesmo quando a Filosofia procura precaver-se contra "o perigo de parecer perseguir uma meta puramente verbal"[5]. O que Valéry afirma sobre o *gráfico* pode ser dito sobre o Interpretante de Peirce – quase uma definição: "O *gráfico* é capaz de um contínuo, o que não acontece com a palavra. Ele a sobrepuja em evidência e precisão. É ela, sem dúvida, que comanda a existência do gráfico. Que lhe dá um sentido. Que o interpreta. Mas não é mais por seu intermédio que o ato da posse mental é consumado". (*Ad marginem*, ele anota: "além disso, uma *analógica*", e continua:) "Vemos constituir-se, pouco a pouco, uma espécie de ideografia das relações figuradas entre qualidades e quantidades, linguagem, que tem por gramática um conjunto de convenções preliminar (escalas, eixos, diagramas etc.); e, por lógica, a dependência das figuras ou de partes de figuras, suas propriedades situacionais" etc.[6]

---

4. Valéry, *op. cit.*, p. 1263.
5. *Idem*, p. 1268.
6. *Idem*, pp. 1266–1267.

O paradoxo do interpretante peirciano é o fato de que ele é um processo de significação, nível da lei e da generalização e, ao mesmo tempo, algo como um supersigno intercambiante entre o verbal e o icônico, pensando todo o processo, um modelo dinâmico das relações sígnicas – um ícone. Uma vez que o significado de um signo vem a ser um outro signo (cf. o dicionário), uma vez que um signo se satura num outro signo da mesma natureza e um código se satura em outro código, o verbal se satura no icônico e vice-versa, continuamente. Isso vai esclarecer as palavras de Einstein: "Raramente penso sob a forma de palavras... Primeiro trabalho a ideia... e só então, muito depois, tento explicá-la através de palavras"[7].

E isto também ajuda a abalar a aparente obviedade da ideia de Benveniste: "Uma coisa, pelo menos, é certa: nenhuma semiologia do som, da cor, da imagem será formulada em sons, cores ou imagens. Toda Semiologia de um sistema não-linguístico deve valer-se da mediação da língua e não pode, portanto, existir a não ser pela e na Semiologia da língua"[8].

Disto se deduziria que a metalinguagem (interpretante) seria sempre e necessariamente de natureza verbal. O que não sucede. Qualquer tradução de código para código implica sempre uma operação metalinguística (*metassígnica* talvez seja a palavra precisa). Qualquer objeto (uma obra de arte, por exemplo) resistirá sempre (será sempre diversa) à sua descrição ou análise. O sorriso

---

7. *Apud* Eleanor Metheny, *Movement and Meaning*, New York, McGraw-Hill, 1968, p. 15.
8. Émile Benveniste, "Sémiologie de la Langue", *Semiotica*, vol. I, 1, The Hague, Mouton, 1969, p. 130.

da Mona Lisa é metassígnico em relação tanto à crítica quanto aos críticos... Semiótica não é o "estudo das relações entre o código e a mensagem", como afirma Umberto Eco[9]. Semiótica é o estudo das relações existentes entre sistemas de signos: Semiótica é sempre intersemiótica. Mais ainda: a que *língua* estaria se referindo Benveniste? Ao sistema de expressão falada? À escrita? A ambos? Aqui, o que temos são dois diferentes sistemas de signo: um vocal, contínuo, analógico e icônico, que é traduzido para outro: visual, discreto, digital e arbitrário. Um fato semiótico e não um fato linguístico. O som de uma palavra pode ser igualmente – e até melhor – traduzido para códigos icônicos através de lâminas fonogrâmicas ou aparelhos de frequência (videofonogramas) etc. Os sistemas sígnicos existem e são criados tendo em vista o conhecimento e a informação; cada qual, por sua vez, deverá, como qualquer indivíduo, apresentar *bits* de informação próprios e intraduzíveis. O significado resulta do confronto dos sistemas de signos – e a *diversidade* estará sempre implícita no processo. Consequentemente, podemos levantar agora algumas questões: poderá uma semiologia da língua existir independentemente do código escrito? Quando nos referimos ao "vermelho", por exemplo, não estaríamos lidando antes com a palavra *vermelho* do que com a cor? Não seria assim a afirmação de Benveniste uma prova "normal" do automatismo verbal e da ilusão da contiguidade? Poder-se-ia construir uma casa com palavras? Poderia um pássaro? Pode Da Vinci ser um pensador icônico?

---

9. Umberto Eco, *La strutura assente*, Milano, Bompiani, 1968, p. 94.

A ilusão da contiguidade reina indiscriminadamente nos trabalhos dos semiologistas. Ilustremos isto uma vez mais, agora através das afirmações de Eugen Bär, em seu artigo "The Language of the Unconscious According to Lacan". Ele começa assumindo uma posição "científica", como parece ser usual naquelas ciências aproximativas que costumamos chamar de "ciências humanas":

> Devo fazer uma distinção entre aquilo que Lacan deseja comunicar e o modo como ele o faz. Primeiro, ele pretende ser científico, mas apresenta sua teoria em forma de texto literário, sacrificando a clareza não em nome da precisão, mas, antes, tendo em vista uma ambiguidade estética... Por esta razão, seus *Écrits* deveriam ser lidos como literatura, mas, para fins científicos, ser apresentados de uma forma mais clara. É o que tento fazer neste meu artigo[10].

Aqui verificamos o engano tradicional – a dicotomia forma/conteúdo, significante/significado – levando à ilusão de que é possível traduzir *forma* mediante a tradução de seu "conteúdo". Mas as linhas seguintes servem melhor ao nosso propósito:

> Lacan remete o leitor ao trabalho de R. Jakobson[11], que distingue duas operações fundamentais do discurso: 1. selecionar certas unidades linguísticas e substituí-las umas pelas outras; 2. combinar as unidades linguísticas selecionadas em unidades de complexidade crescente. A operação no caso 1 é baseada no princípio da similaridade. Por ex.: as reações substitutivas ao estímulo *hut* (cabana), num teste psicológico, foram: a tautologia *hut*, os sinônimos *cabin* e *hovel*, o antônimo *palace* e as metáforas *den* e *burrow*. A operação, no caso

---

10. Eugen Bär, "The Language of the Unconscious According to Lacan", *Semiotica*, Vol. III, 3, The Hague, Mouton, 1971, p. 243.
11. Roman Jakobson, *Coup d'oeil sur le Dévelopement de la Sémiotique*, Bloomington, Research Center for Languages and Semiotic Studies, 1975.

2, é baseada na contiguidade. Por exemplo, para o estímulo *hut*, as operações combinatórias resultam em oposições metonímicas como *"burnt out"*, *"is a poor little house"*, *"thatch"*, *"litter"* or *"poverty"*[12].

Para Jakobson e, subsequentemente, para Lacan, o primeiro caso seria um exemplo de operação por metáfora; o segundo, por metonímia.

Em primeiro lugar, cabe perguntar:

por que *hut* → *cabin, hovel, palace* etc.

e não *hut* → *hat, hit, hot*?

Segundo, a descoberta de Jakobson é baseada na semelhança formal dos fonemas: tal fato não conduziria antes à *paronomásia* do que à metáfora?

Terceiro, é interessante observar que o mesmo processo parece subjazer na predicação, nas operações por sinonímia e na metáfora – do ponto de vista do Ocidente, naturalmente. Os ideogramas chineses e japoneses não apresentam sinônimos, nem predicação, apenas *metáforas paronomásticas*, ou, melhor, *metáforas paramórficas*. Não é minha intenção discutir aqui as consequências da ilusão da contiguidade no estudo das ideias de Lacan por Eugen Bär. Mas, se compararmos as diferentes versões da fórmula freudiana: *Wo es war soll Ich werden*,

a) *Where id was there ego shall be* (Standard Edition)
b) *Là ou s'était, c'est mon devoir que je vienne à être* (Lacan)
c) *There where IT WAS ITSELF, it is my duty that I come to be* (versão de Bär da versão de Lacan)

---

12. Eugen Bär, *op. cit.*, pp. 249-250.

podemos ver que Lacan não está apenas dizendo, mas *mostrando* o quê e o onde da linguagem inconsciente, com todas as suas reverberações e diferentes nuances de certeza: *Là où/Là haut, c'était/s'était/se tait, mon de/voir* – e ainda sugerindo Viena (*vienne*) como um cumprimento ao mestre... Assim procede a poesia. Daí que, para abordá--la, é necessário usar os instrumentos da Analógica, além dos instrumentos da Lógica (de *logos*, palavra, verbo, isto é, signo contíguo – *símbolo*, nos termos de Peirce).

E, quando se diz ANALÓGICA, o ícone está inferido.

Estou de acordo com Thomas Sebeok[13] quanto às suas objeções à expressão "comunicação não-verbal", no sentido de que não vejo qualquer utilidade em discutir se ela se refere às linguagens corporais e gestuais ou a outros sistemas icônicos de signos. Por outro lado, faço-lhe certa reserva quando se refere à "iconicidade". Na mesma base teríamos o direito de falar em "verbalidade".

A bem da Semiótica, a distinção "verbal/não-verbal" deveria ser abolida de uma vez para sempre, propondo-se em seu lugar as expressões "verbal/icônico", ou "simbólico/icônico", uma vez que os sistemas verbal e icônico são os dois sistemas de signos centrais.

A linguagem do inconsciente é basicamente paralinguagem, linguagem pré-verbal, icônica, paratática e paronomástica – *um quase-signo*, como já foi por mim colocado numa consideração sobre a poesia[14]. Daí a afeição toda especial demonstrada por Freud para com

---

13. Thomas A. Sebeok, "The Semiotic Web: A Chronicle of Prejudices", *Bulletin of Literary Semiotics*, n. 2, Medford, Massachusetts, 2: 9–10, 1976.

14. Décio Pignatari, *Semiótica & Literatura*, São Paulo, Ateliê Editorial, 2004, pp. 65-67.

a *parapraxe*, conforme a colocação de Bär[15] e como o próprio Freud demonstra através de vários exemplos seus. O que na realidade é comum tanto às linguagens artísticas como à linguagem da criança, do homem primitivo, dos esquizofrênicos *e* à linguagem do Inconsciente, é justamente esta organização paratática e icônica dos signos.

O próprio Lacan é demasiado "logocêntrico", embora sua linguagem poética seja seu único caminho para alcançar e tentar apreender o transverbal, o icônico. Uma psicanálise do Homem Icônico (não somente das obras de arte) deveria ser possível. Talvez ela viesse a ser uma psicossíntese da psicanálise...

As palavras, em especial as palavras escritas, constituem-se no mais alto grau de abstração do signo, enquanto a poesia representa a instância mais concreta da palavra. O ícone é o lado *oriental* dos signos; as "palavras", seu lado *ocidental*. Descobertas recentes, ligadas ao estudo da estrutura cerebral, parecem apontar que este órgão para-humano estaria também dividido num lobo-contiguidade (o esquerdo) e num lobo-similaridade (o direito). Já é mais do que tempo de os semiologistas, críticos e pedagogos fazerem um esforço no sentido de desenvolver seus lobos direitos...

A contradição da atitude "científica", derivada de uma contiguidade tendenciosa, reside no fato de que seus defensores estão inclinados a considerar os trocadilhos, isto é, a paronomásia, quase como uma linguagem não-científica. Ao mesmo tempo, afirmam ser a matemática o modelo para o pensamento científico. Entretanto, as

---

15. Eugen Bär, *op. cit.*, p. 265.

sentenças matemáticas operam por uma real similaridade entre os signos: expressões algébricas são trocadilhos algébricos, trocadilhos icônicos. A Álgebra é uma ciência do olho – costumava dizer Gauss. E o matemático que não for também poeta nunca será um matemático criativo – acrescentaria Poincaré.

E, segundo Peirce:

[...] umas das grandes propriedades distintivas do ícone é a de que, ao seu exame direto, outras verdades concernentes ao seu objeto podem ser descobertas, além daquelas suficientes para a determinação de sua construção. É assim que, por meio de duas fotografias, podemos traçar um mapa etc. Dado um signo convencional ou geral de um objeto, para que possamos deduzir qualquer verdade que ele não signifique explicitamente, necessário se faz, em qualquer caso, substituir aquele signo por um ícone. A utilidade de uma fórmula algébrica consiste precisamente na sua capacidade de revelar uma verdade inesperada – e é por isso que nela prevalece o caráter icônico (2.279).

Acaba-se constatando que o raciocínio dos matemáticos gira principalmente em torno do uso de semelhanças, que são os próprios gonzos dos portões de sua ciência. A utilidade das semelhanças para os matemáticos consiste em sugerir, de modo muito preciso, novos aspectos dos supostos estados das coisas (2.281).

Por essa razão, o ícone é o signo responsável por todas as possíveis mentiras na constituição de seu objeto, e o signo de todas as descobertas – o signo heurístico – o *signo aberto* (4.531) *por excelência*: "Eles, os ícones, partilham definitivamente da mais aberta característica de todas as mentiras e decepções – sua ABERTURA. No entanto, eles têm mais a ver com o caráter vivo da verdade do que os Símbolos e Índices".

Sinto-me demais em débito para com Roman Jakobson para ousar discordar dele. Não obstante, devo fazê-

-lo – e possam meus erros e eventuais não-erros serem igualmente levados à conta de outras tantas homenagens a ele. Peirce sugere que as metáforas estão vinculadas à predicação (7.590). Além disso, ele estabelece a distinção entre um *ícone puro* ("uma possibilidade isolada é um ícone, exclusivamente em virtude de suas qualidades, e seu objeto só pode ser uma Primeiridade") e *signos icônicos ou hipoícones*, que são divididos em três categorias: *imagens*, *diagramas* e *metáforas*. Nessa relação, as metáforas seriam terceiridades entre primeiridades: elas se referem principalmente a símbolos (palavras). Em termos semióticos, podemos definir a metáfora como um hipoícone por contiguidade, significando uma semelhança ou paralelismo entre certas características supostamente observadas nos *referentes* dos signos (*similaridade semântica*, ou semelhança de significado) – por exemplo, quando dizemos "João é águia". Mas o caso é outro quando dizemos "Aguilar é águia". Aqui, a semelhança externa está como que corporificada internamente nos signos: tanto o som como a imagem tendem a imitar as semelhanças de traços supostamente existentes nos referentes.

A paronomásia estabelece a similaridade sintática ou a semelhança entre o significante e o significado. O que observamos aqui é um processo de iconização do verbal. Mesmo considerando a semelhança formal como metafórica (no final de contas, a semelhança entre sons e letras pouco tem a ver com a semelhança entre as características dos objetos comparados) – mesmo assim, o fenômeno é completamente diverso em qualidade, porque representa a passagem da associação por contiguidade para a associação por similaridade, de símbolo para ícone – *um ícone do processo de similaridade*. A metáfora aponta para; a paronomásia tenta retratar. A des-verbalização da palavra não ocorre tão somente pela metáfora comum. A paronomásia (paramorfismo) deve ocorrer. Mais ainda, o paramorfismo por ele mesmo pode desempenhar todo o papel, rejeitando por completo as metáforas (daí a *música* poética). Segue-se, ou assim me parece, que ao nível verbal seria a paronomásia (o paramorfismo), e não a metáfora, a responsável pela caracterização do eixo paradigmático.

A paronomásia rompe o discurso (hipotaxe), tornando-o espacial (parataxe), criando uma sintaxe não--linear, uma sintaxe analógico-topológica. Num poema, a paronomásia horizontal (aliteração, coliteração) cria a melodia, enquanto a paronomásia vertical é responsável pela harmonia. A rima constitui a paronomásia vertical mais comum. *Un coup de dés*, de Mallarmé, e os poemas concretos, trabalham com paronomásias audiovisuais horizontais e verticais. A repetição dos sons sempre é uma repetição que se dá no tempo. Essa repetição dos sons no tempo cria uma rede especial rítmica – um diagrama, uma sintaxe topológica. Ritmo é ícone. O som com marcação de tempo é ritmo, assim como é ritmo a marcação espaçotemporal (na dança, no cinema ou numa cadeia de montagem) e a espacialização do espaço (na arquitetura ou na pintura). O ritmo é um ícone relacional. Resumindo, a similaridade sonora gera semelhanças e correspondências espaciais – e aqui nós temos o fundamento principal da sintaxe icônica subjacente na poesia e em certos tipos de prosa, como as obras *Tristram Shandy*, *Ulysses* e *Finnegans Wake*. A paronomásia seria a ponte do verbal para o icônico; por essa mesma razão, é considerada "poética", "literária" e, principalmente, "não-científica"... Sim, muitos acreditam que a ciência é essencialmente verbal. Parecem não se dar conta do fato de que a ciência verbalizada nada mais é do que uma tradução da ciência icônica.

Assim, traduzindo a famosa *função poética* de Jakobson, da Linguística para a Semiótica, temos:

A LINGUAGEM VERBAL/ PARTICULARMENTE A LINGUAGEM SIMBÓLICA PEIRCIANA/ ADQUIRE A TÃO FALADA FUNÇÃO POÉTICA, QUANDO UM SISTEMA ICÔNICO LHE É INFRA, INTRA E SUPERIMPOSTO.

O corolário disto: ... quando uma sintaxe analógica é superposta a uma sintaxe lógica.

Nota – Em certos sistemas icônicos, como na pintura, por exemplo, os fenômenos parecem inverter-se. Assim, o surrealismo, "metafórico", é mais literário (baseando-se na contiguidade); o cubismo, "metonímico", é antes paronomástico (paramórfico).

Algumas amostras/provas/hipóteses:

a) A construção paratática tende a destruir a linearidade: *João olha em volta de si, pula, diz bom dia, limpa o colarinho, gira, começa a correr, acena para alguém.*

Aqui percebemos que os verbos tendem a substantivar-se, enquadrando tomadas intercomunicáveis de igual valor. A linguista brasileira Myriam Lemle, tentando estabelecer uma espécie de Português Básico, observa que a parataxe prevalece nas construções da fala entre as classes sociais mais baixas e mais simples.

b) A organização sonora cria organização espacial:

Em Byron: "*And* where *he gazed a gloom pervaded space*", a aparente linearidade de sons transforma-se num panorama não-linear, espacial – uma paisagem de som e espaço. E não podemos deixar de lado a sua dimensão calitipográfica, ou seja, aqui nós podemos "ver/ouvindo" os olhos em *gloom* da mesma forma que em Dante: "*Parean l'occhiaie anella senza gemme: chi nel viso deli uomini legge* OMO *ben avria quivi conosciuta l'emme*" (Purg. XXIII, 31).

No verso de Byron, *gloom* está igualmente no lugar de "olho(s)", ocorrência comum na poesia, onde encontramos uma espécie de significado *ad hoc*. A poesia cria um dicionário semiótico *ad hoc*, sinônimos semióticos *ad hoc*: as palavras não mais significam o que delas se espera, porque já não são mais palavras. Elas adquirem feições icônicas – e insisto na ideia de que as feições sonoras são feições icônicas, como podemos observar na música, no canto, no ruído e na fala.

c) As parapraxes freudianas têm a mesma estrutura icônica, como podemos ver, entre tantos exemplos, na clássica decifração, por Aristandros, do sonho de Alexandre da Macedônia: Satyr = *Sa Tyros* = Tiro é tua[16].

Por décadas e décadas, até nossos dias – e a despeito dos esforços de Lacan – analistas, ensaístas e semiologistas vêm falando de "associação de ideias". Em termos estritamente semióticos, não existe tal coisa, mas somente *associações de formas*: o significado de um signo é um outro signo e esta função significante é exercida

---

16. S. Freud, *The Interpretation of Dreams*, trans. by A. A. Brill, New York, Random House/Modern Library, 1950, p. 11.

pelo interpretante que, por sua vez, é icônico por natureza – um super ou metassigno, continuamente estabelecendo diagramas significantes, como eu reafirmo, depois de já o ter feito em outros trabalhos[17]. Resumindo: não se pode ter uma ideia (terceiridade) isolada da sua forma (primeiridade).

Acredito ser útil relembrar aqui que é completamente impossível entender a Semiótica de Peirce, sem levar realmente a sério o que ele chama sua *ideoscopia* – seu abrangente sistema tricotômico. Além disso, da mesma forma que Marx, ele segue Hegel (não sem objeções): "Minha filosofia ressuscita Hegel, ainda que numa roupagem estranha" (1.42). E eu não considero inteiramente fora de propósito afirmar que Peirce fez pela Linguagem o que Marx fez pela História. Por essa razão, torna-se difícil aceitar a sugestão de Jakobson de que Peirce, no final das contas, segue a lógica clássica e saussuriana, no que diz respeito à dicotomia significante/significado[18]. Agora, quanto à secundidade (reação, fato real, antítese, índice etc.), não posso calcular quantos ensaios e quantas mentes ocupar-se-ão dela, nos próximos anos...

Forma (outra denominação do ícone) é primeiridade e a sua principal maneira de organização é a coordenação (parataxe). Isso não significa, entretanto, que não exista uma hierarquia icônica; a diferença está no fato de que a hierarquia icônica se estabelece analogica-

---

17. Cf. Décio Pignatari, *Exercício Findo*, São Paulo, Invenção, 1968, p. 98; do mesmo autor, *Semiótica & Literatura*, 1974, p. 32; e ainda, Lucrécia D'Alessio Ferrara & Décio Pignatari, 1974, pp. 3-24.
18. Roman Jakobson, *op. cit.*, p. 8.

mente, não logicamente. Na arquitetura, por exemplo, a hierarquia pode ser estabelecida, entre outros meios, pela semelhança ou diferença de tamanho, volume ou quantidade de elementos; na fotografia, no cinema e na televisão, pela maneira de ocupar o espaço e por todas as variações de distâncias e posições, desde os *close-ups* até as tomadas panorâmicas. Uma análise de um enredo cinematográfico que deixe de considerar esses valores de significado icônico será apenas análise de uma verbalização; o mesmo podendo ser dito com relação a outros sistemas de signos, como os gráficos, o desenho industrial, a música – ou os sonhos:

> As ideias que intercomunicam suas intensidades *ligam-se muito frouxamente* umas às outras, e se juntam por formas de associações que são desdenhadas pelo nosso chamado pensamento sério, ficando entregues à análise do humor. Em particular, as assonâncias e os trocadilhos são tratados como se tivessem o mesmo valor de qualquer outra associação[19].

Consciência de linguagem implica consciência de sua organização icônica. Estar realmente consciente da linguagem significa estar liberto da ilusão da contiguidade.

Para terminar, uma tábua de correspondência, toscamente esboçada:

---

19. Freud, *op. cit.*, p. 448.

7. O Ícone e o Ocidente

Lógica e... não-sei-quê que a desafia.
PAUL VALÉRY

Há uma guerra de classes no mundo dos signos. Ela se dá, basicamente, entre as categorias peircianas da primeiridade e da terceiridade, entre o ícone da primeira e o símbolo da outra, entre o pensamento icônico ou não-verbal e o pensamento simbólico ou verbal (convém lembrar que símbolo, aqui, é tomado na acepção da semiótica de Peirce). Todo o chamado pensamento ocidental não parece inscrever-se em outro horizonte que não o da tradução da realidade icônica, que é a *physis* produtora de signos, para a realidade simbólica. Peirce é o Marx da linguagem; tal como ele, veio de Hegel; tal como ele, rompeu com a lógica diádica aristotélica, introduzindo entre o chamado "significante" e o chamado "significado" – dicotomia mantida pela semiologia de extração saussuriana – um terceiro polo, o *interpretante*, e montando, dessa forma, o processo *triá-*

dico da significação, que assume a configuração de um diagrama relacional icônico, como bem viu Paul Valéry (esse grande semioticista pouco reconhecido), em muitas passagens de sua obra, mas principalmente em *Léonard et les philosophes* – e como não viu e não vê a grande maioria dos semiólogos atuais, a começar por Roland Barthes. O grande confronto entre ícone e símbolo que se observa na macroestrutura sígnica rebate-se na microestrutura do próprio verbal, acusando uma fissura, uma contradição antagônica entre dois modos e duas relações de produção sígnica, tal como a que se observa nas sociedades e tal como a que se manifesta entre o inconsciente (primeiridade) e o consciente (terceiridade) da topologia mental freudiana.

É a luta entre a hipotaxe hegemônica e dominante contra a parataxe colonizada e dependente, a primeira a comando de um *Hierarkhos*, o chefe sagrado, a segunda sob o descomando de *Anarkhos*, o sem-chefe, por baixo, mas permanentemente subversivo, pois que é impossível eliminá-lo. A construção do enunciado hipotático – em verdade, para aquele orientado pelo Ocidente, *Occidentem versus*, não pode haver enunciado que não seja hipotático – se apoia na predicação, que é a própria Lógica, especialmente quando o verbo *ser* é empregado, verbo que, de um modo ou de outro, contamina todos os verbos do sistema, atraindo-os por força de uma autarquia expansionista e entrópica, tal como, em língua portuguesa, todos os novos verbos tendem entropicamente para a primeira conjugação, e naquelas conjunções de primeira classe que são as conjunções subordinativas, a guarda palaciana da oração principal, ou, melhor, a sua polícia secreta.

A isso, talvez, deveria ter-se referido Roland Barthes, ao declarar no Collège de France, com uma frase de efeito, que "toda linguagem é fascista". Mas não o poderia. Sem falar de que não podemos conceber sequer uma noção de sistema que não implique, ao menos, um aceno organizacional criador de limites, como poderia ver claro um homem que, de saída, postulou a subordinação da Semiologia à Linguística e que, por isso mesmo, levou uns vinte anos para começar a perceber a realidade de um pensamento icônico ou não-verbal, para o que teve de sair-se com um *troisième sens*, ao analisar alguns fotogramas de Eisenstein?

O tupi não tem verbo ser – já observava Oswald de Andrade, em seu *Manifesto Antropófago*; por isso, para ele, todo problema ontológico se resolvia em termos odontológicos...

Com a hipotaxe estão a Lógica, o conceito, o sintagma, o Ocidente, a metonímia (*apud* Jakobson), a contiguidade; com a parataxe, a Analógica valeriana, o modelo-diagrama, o Oriente, não a metáfora jakobsoniana, mas a paronomásia e o paramorfismo – a similaridade, enfim. A ciência, até um ponto-limite, também está com a hipotaxe; a arte, com a parataxe. Como já disse, com a hipotaxe está Hierarco, o chefe sagrado, enquanto que com a parataxe está esse estranho Anarco, um quase-sistema que se recusa sempre a ser sistema, a única revolução realmente permanente, dador e provedor da liberdade.

Nos níveis mais altos da criação sígnica, a serpente morde a cauda, "a lógica e... não-sei-quê que a desafia" se encontram, não-antagônicos, aparentemente. Pelo interpretante, a Lógica emite o seu discurso, *poi s'ascose*

nel fuoco che gli affina e que é a primeiridade icônica.
É quando Einstein declara que, ao pensar suas ideias, este pensar jamais lhe ocorre sob a forma de palavras; é quando Walter Benjamin se põe a pensar, durante vinte anos, um quadrinho de Paul Klee, *Angelus novus*; é quando Valéry cria um lema para um tigre que o fascina, no zoológico: *Sans phrases*.

A lógica gesta e gosta da teleologia, da diacronia, do progresso; desenvolve-se criando fins, finalidades, objetivos. Ao dar-se conta da "maldita mania de querer concluir", Flaubert, um dia, por-se-á a desproduzir um antiestilo, uma antiobra, um anti-Flaubert chamado *Bouvard et Pécuchet*. No século XX, Marcel Duchamp fará o mesmo, tentando eludir o verbo *ser* que persegue a arte ocidental.

Não uma teleologia, mas a metamorfose, o transformacionalismo sem progresso que une Homero, Dante e Joyce, e a sincronia, estão com a parataxe, a construção iconizante por coordenação infinita que, no próprio mundo logo-simbólico, se radicaliza no assindetismo, onde os verbos, *à bout de souffle*, tendem a virar substantivos-adjetivos em penetrantes permutas uns com os outros, visando impossibilitar a metalinguagem por se colocarem como objetos que a criticam e/ou ridicularizam, lá onde se dão os mutáveis pouso e repouso da sincronia.

É na poesia que se dá a múltipla e simultânea ação guerrilheira do Tet, quando, por baixo, o ícone invade o corpo verbal, baratinando-o com som e música, fala e cor, tato e espaço e impedindo-o de *discursar* e de afirmar o que quer que seja fora de si mesmo. A arte, ou, melhor, o ícone, é aquele riso rabelaisiano da praça pública que desierarquiza todas as formas, atraindo-as para os baixos corporais da linguagem. Não pode pôr-se a serviço de uma revolução, porque é a revolução; menos ainda a serviço do poder, pois é antipoder por sua própria natureza: luta em seu próprio seio, perpetuamente, contra as hipotaxes finalistas. É por isso que a arte não pode fazer discurso ideológico. Não apenas porque não disponha da predicação lógica, mas por ser um mundo naturalmente opositivo e sublevado contra o velho tirano logoideológico que conhece desde e pela raiz, já que dá, a ele, nascimento contínuo... Esta, a verdadeira resistência poética.

Disse-me um estudante de arquitetura: "Quando o 'programa' prevalece sobre a linguagem criativa, os medíocres submergem os bons, pois qualquer um pode adotar um programa". E quando uma equipe de estudantes apresentou um projeto de reurbanização em que os principais edifícios do centro cívico e comerciais eram iguais – a prefeitura, a câmara municipal, o fórum, o centro comercial –, por aí destruindo, pela parataxe icônica, a topologia do poder, que usa a linguagem da contiguidade, do volume e do tamanho para restabelecer hierarquias dentro do sistema analógico, o júri de arquitetos, urbanistas, planejadores e membros de entidades públicas desclassificou o projeto. E os meninos ainda reservavam a praça central para um circo de rebu permanente!... Santo Bakhtin!

Irrompendo pelo discurso, o ícone rompe o automatismo verbal – que nos conduz à ilusão de que as coisas só têm "significado" quando traduzidas sob a forma logológica – resgatando, regenerando e desvelando o maravilhoso mundo das palavras. O ícone é o Oriente dos signos; parafraseando Valéry, é o Oriente do Espírito.

Bibliografia

ALLEN, Hervey. *Israfel – Vida e Época de Edgar Allan Poe*. Trad. de Oscar Mendes. Porto Alegre, Livraria do Globo, 1945.

ARARIPE Jr. *Obra Crítica*. Org. Afrânio Coutinho. Rio de Janeiro, Ministério da Educação e Cultura/Casa de Rui Barbosa, 1960.

BÄR, Eugen. "The Languge of the Unconscious According to Lacan". *Semiotica*, vol. III, 3. The Hague, Mouton, 1971.

BAUDELAIRE, Charles. *Les fleurs du mal*. Paris, Édition du Panthéon, 1947.

BENSE, Max. *Pequena Estética*. Trad. e org. de Haroldo de Campos. São Paulo, Perspectiva, 1975. (Col. Debates, 30.)

BENVENISTE, E. "Sémiologie de la langue". *Semiotica*, vol. I, 1. The Hague, Mouton, 1969.

BOGUE, Donald J. *Principles of Demography*. New York, John Wiley & Sons, 1969.

CARLSON, Eric W. (org.). *The Recognition of Edgar Allan Poe*. The University of Michigan Press, 1966.

CARROLL, Lewis. *Alice's Adventures in Wonderland*. New York, Random House, 1946.

CHERRY, Colin. *On Human Communication*. New York, Science Editions, 1959.

Eco, Umberto. *La strutura assente*. Milano, Bompiani, 1968.
Ferrara, Lucrécia D. & Pignatari, Décio. "Études de sémiotiques au Brésil". *VS-Versus*, Milano, Bompiani, nº 8/9, 1968.
Flaubert, Gustave. *L'éducation sentimentale*. Paris, Audin, 1949.
Freud, S. *The Interpretation of Dreams*. Trans. A. A. Brill. New York, Random House/Modern Library, 1950.
Gignoux, C. J. *Saint-Just*. Paris, La Table Ronde, s/d.
Greer-Cohn, Robert. *Un coup de dés de Stéphane Mallarmé*. Paris, Les Lettres, 1951.
Harvie, Christopher; Martin, Graham & Scharf, Aaron. *Industrialisation and Culture*. London, MacMillan/The Open University Press, 1970.
Jakobson, Roman. *Coup d'oeil sur le dévelopement de la sémiotique*. Bloomington, Research Center for Languages and Semiotic Studies, 1975.
_____. *Essais de linguistique générale*. Paris, Les Editions de Minuit, 1963.
Keynes, John M. *Essays and Sketches m Biography*. New York, Meridian Books, 1956.
Knight, Thomas S. *Charles Peirce*. New York, Washington Square Press, 1965.
Luckács, Georg. *Histoire et conscience de classe*. Trad. de K. Axelos et J. Bois. Paris, Les Editions de Minuit, 1960.
Machado de Assis, J. M. *Obra Completa*. Rio de Janeiro, José Aguilar, 1971.
McLuhan, Herbert M. *Understanding Media. Os Meios de Comunicação como Extensões do Homem*. Trad. de Décio Pignatari. São Paulo, Cultrix, 1974.
Metheny, E. *Movement and Meaning*. New York, McGraw Hill, 1968.
Miller, Hugh M. *History of Music*. New York, Barnes & Noble, 1958.
Morris, Charles. *Segni, Linguaggio e Comportamento*. Milano, Longanesi, 1949.
Ogden, C. K. & Richards, I. A. *The Meaning of Meaning*. London, Routledge & Kegan Paul, 1960.

Peirce, Charles S. *Collected Papers*. Cambridge, Harvard University Press, 1931-1958. 8 vols.

———. *Semiótica e Filosofia*. Trad. e sel. de Octany Silveira da Mota e Leonidas Hegemberg. São Paulo, Cultrix, 1972.

Pierce, J. R. *Símbolos, señales y ruidos*. Trad. por Julio Florez. Madrid, Revista de Occidente, 1962.

Pignatari, Décio. *Contracomunicação*. São Paulo, Perspectiva, 1971; Ateliê Editorial, 2004.

———. *Exercício Findo*. São Paulo, Invenção, 1968.

———. *Informação. Linguagem. Comunicação*. São Paulo, Cultrix, 1980; Ateliê Editorial, 2002.

———. *Semiótica & Literatura*. São Paulo, Perspectiva, 1974. (Col. Debates, 89); 2. ed. rev. e ampl. São Paulo, Cortez & Moraes, 1979; 3. ed. reorg. e acrescida de novos textos, São Paulo, Cultrix, 1987; São Paulo, Ateliê Editorial, 2004.

Poe, Edgar Allan. *Edgar Allan Poe – Poesia e Prosa – Obras Completas*. Trad. de Oscar Mendes e Milton Amado. Porto Alegre, Ed. do Globo, 1944.

———. *Stanzas*. Sel., org. and ed. by Philip Van Doren Stern. New York, The Viking Press, 1951.

———. *The Complete Tales and Poems of Edgar Allan Poe*. New York, The Modern Library/Random House, s/d.

Pompeia, Raul. *O Ateneu*. São Paulo, Melhoramentos, s/d.

Propp, V. *Morfologia della fiaba*. Trad. de Gian Luigi Bravo. Torino, Einaudi, 1966.

Saussure, Ferdinand de. *Cours de linguistique générale*. Paris, Payot, 1965.

Sebeok, T. A. "The Semiotic Web: A Chronicle of Prejudices". *Bulletin of Literary Semiotics*, Medford, Massachusetts, nº 2, 1976.

Valéry, Paul. *Oeuvres*. Paris, Gallimard, 1959.

———. *Variété* III. Paris, Gallimard, 1949.

Sipher, Wylie. *Literature and Technology*. New York, Vintage, 1971.

Título	Semiótica & Literatura
Autor	Décio Pignatari
Capa	Plinio Martins Filho e Ana Paula Fujita
Ilustração da Capa	Luiz Fernando Machado
Revisão	Geraldo Gerson de Souza
Produção	Camyle Cosentino
Editoração Eletrônica	Aline E. Sato Amanda E. de Almeida Camyle Cosentino
Formato	12 x 18 cm
Papel de Capa	Cartão Supremo 250 g/m^2
Papel de Miolo	Chambril Avena 80 g/m^2
Número de Páginas	200
Impressão	Graphium